QUERBEET

Reinhardt Stumm

Querbeet

Gartengeschichten

Mit vier Jahreszeitenbildern
von Claudia Gutzwiller-Bortfeldt

Christoph Merian Verlag

Querbeet heisst eine Kolumne, die seit 1996 regelmässig
auf der Seite Natur+Garten der Basler Zeitung erscheint.
Die Texte in diesem Buch sind eine Auswahl daraus.

Die Deutsche Bibliothek - CIP-Einheitsaufnahme
Stumm, Reinhardt: Querbeet : Gartengeschichten / Reinhardt Stumm.
Ill.: Claudia Gutzwiller-Bortfeldt. - Basel : Christoph-Merian-Verl., 2002
ISBN 3-85616-170-8

© 2002 Christoph Merian Verlag / Alle Rechte weltweit vorbehalten

Lektorat: Doris Tranter, Basel
Gestaltung: Albert Gomm SGD, Basel
Satz: Atelier Urs & Thomas Dillier, Basel
Lithos: Lithoteam AG, Basel
Druck und Bindung: Ebner & Spiegel, Ulm
Gesetzt in: Bodoni
Gedruckt auf: Bilderdruck 150 g/m²

INHALTSVERZEICHNIS

Frühling	8–39

10 *Er ists*
11 *Alles zu früh*
12 *Liebe Mühe*
13 *Ernst ist heiter*
14 *Von zarter Art*
16 *Osterglocken*
17 *Wonnemond*
19 *Voll ins Eisen*
21 *Na dann!*
23 *Germanisch*
25 *Löwenzahn*
27 *Igels Fersengeld*
28 *Kompost*
29 *Gartenbad*
31 *Kurz und klein*
32 *Eigenbedarf*
33 *Als ob*
35 *Stummer Bote*
36 *Gestern*
38 *Vogelfrei*

Sommer	40–71

42 *Sommerbild*
43 *Duftrausch*
44 *Schnell*
46 *Vom rechten Säen*
47 *Und wieder Rosen*
49 *Gras auch*
51 *Der Tiergarten*
53 *Müssiggang*
55 *Drachenblut*
56 *Blick zum Himmel*
58 *Draht*
59 *Taube auf dem Dach*

61 *Alles vergessen*
 62 *Füller*
 64 *Pergola*
 65 *Also ja!*
 67 *Hopfen und Malz*
 68 *Fliegende Besucher*
 69 *Zeit*

Herbst	72–103

 74 *Hälfte des Lebens*
 75 *Der Zaun*
 76 *Ruedi*
 78 *Wurzel aus grün hoch gelb*
 79 *Gedenkblatt*
 81 *Was ist Regen?*
 82 *O Wildnis!*
 83 *Kratzbürsten*
 85 *Eimerweise!*
 87 *Adam Riese*
 88 *Das Wetter*
 90 *Der Apfel*
 91 *Stachelwüste*
 93 *Höfliche Bitte*
 94 *Aufräumen!*
 95 *Unglücksfall*
 97 *Vom Paradies*
 98 *Knock out!*
100 *Abräumen*
101 *Früher mal*
103 *Herbstfeuer*

Winter	104–128

- 106 *Ein Lied hinterm Ofen zu singen*
- 108 *Winter*
- 109 *Missmut*
- 111 *Sehr viel Holz*
- 113 *Von Wegen*
- 114 *Lichtzauber*
- 116 *Eppich*
- 117 *Feuer und Flamme*
- 119 *Rundgang*
- 120 *Lob der Faulheit*
- 122 *Der Spaten*
- 123 *Scheren auch, bitte!*
- 124 *Der erste Frost*
- 126 *Best before!*
- 128 *Tiefer Winter*

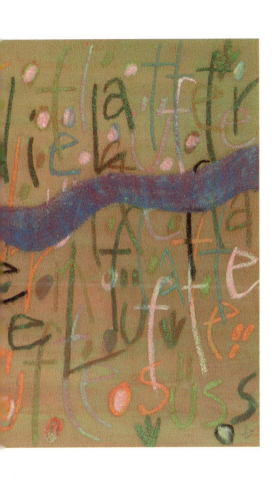

Er ists

Frühling lässt sein blaues Band
Wieder flattern durch die Lüfte;
Süsse, wohlbekannte Düfte
Streifen ahnungsvoll das Land.
Veilchen träumen schon,
Wollen balde kommen.
– Horch, von fern ein leiser Harfenton!
Frühling, ja du bists!
Dich hab ich vernommen!

Eduard Mörike, 1804–1875

ALLES ZU FRÜH

Eben waren die Maulwurfshaufen im Garten noch hart wie Stein, unmöglich, sie in gewohnter Weise mit der Mistgabel einzuebnen, jetzt ist die Wiese schon wie Gummi, saugt die Nässe die Schuhsohlen fest. Die Schneeglöckchen läuten weiss und schlank, die Krokusse fangen an zu blühen, in jeder Ecke spriesst es, die Osterglocken natürlich allen voran.

Und alles viel zu früh. Eben noch tiefster Winter, die selige Gewissheit, dass der Garten grosse Pause hat. Jetzt schon wieder der Druck. Im Frühwinter brachte der Chauffeur die bestellten Randsteine – die saubere Trennung von Kiesweg und Schwertlilienbeet war beschlossene Sache. Lieferung und Ablad wurden mit dem traditionellen Gläschen Marc (zwei, drei Tropfen, nicht mehr!) befeuchtet, jetzt stehen die Steinplatten, aber nicht in Reih und Glied, sondern aufeinander gepackt, wie sie kamen.

Alles geht zu schnell. Man muss kein prophetisches Gemüt haben, um vorauszusehen, dass es schon wieder gehen wird wie bei Wilhelm Busch: «Mutter Natur fährt in der Kutsche und die guten Vorsätze laufen hinterher.» Wenn Busch es zehnmal anders meinte, so herum hatte er auch Recht.

Und nun? Die alte Routine: Der Block, der Bleistift, die Gummistiefel. Erstens, zweitens, drittens. Aufschreiben, was zu tun wäre, einfach mal so, und alles, was einem in den Sinn kommt. Dann die Reihenfolge. Und dann ein bisschen Ehrlichkeit: Punkt eins bis vier noch diese Woche oder spätestens übernächste, denn nächste Woche geht es schon wieder nicht, der Rest am St. Nimmerleinstag.

Mein Gott, und meine Igel, total vergessen! Auch das noch! Davon nächstes Mal. Wann das sein wird? In vierzehn Tagen, sicher (falls nichts dazwischen kommt)!

LIEBE MÜHE

Meine Veilchen sind auf Wanderschaft! Vor sechs, sieben Jahren siedelten sie noch hinter meinem Werkzeugschuppen im kurzen Gras. In jedem März, April ein feiner blauer Blütenteppich. Jetzt sind sie, der Teppich ist nicht grösser als früher, ein paar Meter weiter vorne am Weg angekommen. Gleich neben dem Stück mit den Bodendeckerrosen. Die Veilchen sind lieb, mit den Rosen habe ich meine liebe Mühe.

Als ich die Rosen pflanzte, war das dafür vorgesehene Beet nach allen Regeln der Kunst aufgemacht und begrenzt. Die Jungpflanzen kamen den Pflanzanleitungen gemäss in den Boden. Die Pflanzanleitung will immer zu viel. Also stehen sie zu dicht. Also gingen die Bodendecker steil aneinander in die Höhe. Bequem zum Blümchenschneiden, aber eben auch ein unansehnliches Gewurstel. Abgesehen davon, dass die Winden sich davon überhaupt nicht abschrecken liessen. Durch die Stacheln zu den Sternen! Schon im dritten Sommer wehten lustige Windenfahnen, von Rosen war kaum noch was zu sehen.

Vor acht Wochen schnitt ich sie erbarmungslos kurz. Es sah schrecklich aus. Ein Berg Rosenholz und jeder Stock ein Bündel schwarzer Triebstummel. Rosen sind zäh, das wissen wir ja, aber so zäh? Meine Bodendecker hatte ich abgemurkst, dessen war ich – in der gehobenen Rosensprache – gewiss.

Und jetzt? Jetzt drängeln sich die zarten, wundervoll rostbraunen, lindgrünen Triebspitzen in dichten Büscheln aneinander und teilen Unglaubliches mit. Im Juni ist Rosenmonat. Da blühen sie. Und meine Winden? Die schlafen noch. Aber es geht ihnen zweifellos sehr gut. Vielleicht träumen sie, dass die Brennnesseln schneller sind, die von hinten anrücken. Aber sie wissen auch, wo eine Winde ist, ist ein Weg!

Ich kann nichts machen. Der Boden ist so nass, dass an Aufgraben oder Umstechen nicht zu denken ist – weder mit dem Spaten noch mit der Gabel. Ich stehe am Wegrand und kann das leise Kichern meiner Widersacher nur schlecht verwinden. Denen kann es ja wohl gar nicht nass genug sein. Zu wissen, dass man ein böses Spiel schon verloren hat, bevor es überhaupt anfing, ist nicht gerade angetan, gute Laune zu machen. Es geht auf Ende April zu. Gestern hat es ein bisschen geschneit. Ein letzter, dünner Hoffnungsschleier. Wie lange sehe ich noch Boden? Vierzehn Tage, drei Wochen? Scheint die Sonne, ist alles vorbei, Winden und Brennnesseln wuchern um die Wette. Wo es kratzt, sind Rosen.

Ein Blick aus dem Fenster: Es regnet. Die Veilchen blühen. Die haben Nerven!

ERNST IST HEITER

Ernst ist von Beruf Gartenzwerg. Alles dran am Mann, Bart, Zipfelmütze, philosophischer Durchblick, selbstverständlich alles in den klassischen Farben. Ernst kam vor ein paar Jahren als Geschenk einer Freundin, die dem (moderaten) Stylingwahn mit Alessi und Eileen Gray etwas Menschliches entgegensetzen wollte. Ernst wurde sofort gemocht.

Das war damals, als die langweilige Grasfläche hinter dem Haus etwas Gliederung brauchte. Raschwachsendes tat not, für Eichen sind Ernst und ich schon etwas zu alt. Eine Wacholderart bot sich an. Natürlich setzte ich die Jungpflanzen wieder viel zu dicht, wie mir erst der Gärtner sagte, dann meine Beobachtung. Ernst stand daneben. Man sah ihn von weitem. Jetzt steht er drunter. Er wird immer kleiner, verhältnismässig.

Ernst verbringt die Winter auf der Veranda. Dann

kommt er, frischgebadet, unter die Wacholder. Wenn der Wind die tief hängenden Zweige bewegt, sieht man die rote Zipfelmütze. Ich denke mir, dass ihm der Platz gefällt. Wahrscheinlich unterhält er sich abends mit den Maulwürfen, die unermüdlich ihre Haufen buckeln, vielleicht kommt mal eine Maus vorbei, die Tauben sammeln sich was neben ihm, die Eule lässt ihn ungeschoren – vor der zieht er den Kopf ein wie ich, wenn sie tief über den Boden streicht. Aber sonst, alles Idylle. Es kann Frühling werden.

Da wird Ernst doch ein Problem haben. Wessen Freund ist er? Die Igel zum Beispiel. Jetzt liegen die stacheligen Damen und Herren noch kugelrund irgendwo im Stroh und schlafen. Sie schlafen lange. Es wird Ostern, bis sie sich die Augen reiben. Dann knurrt ihnen der Magen. Dann werden sie im Garten auf die Treibe gehen. Und Ernst? Zu wem soll er halten? Zu den Mäusen? Zu den Igeln? Ich denke, Ernst kann damit umgehen. Ernst ist Schweizer. Ewige Neutralität. Das ist es!

VON ZARTER ART

Demnächst werde ich Aktien für ein blühendes Geschäft mit Boretsch auflegen. Mit Aktien kann ja heute nichts mehr schief gehen. Blühend wird das Geschäft so oder so sein. Alle preisen das herrliche Blau des sommerlichen Flors von *Borago officinalis*.

Die Voraussetzungen sind allerdings dergestalt, dass Galgenhumor Selbsterhaltungspflicht und letzte Rettung ist. Aus meinen entzückenden beiden Pflänzchen von anno dermaleinst, die so niedlich in die Welt schauten, als könnten sie kein Wässerchen trüben, sind zwei gewaltige, urgesteinsartige Boretschmassive geworden. Davon sieht man im Winter gar nichts. Deswegen vergesse ich sie auch immer.

Und wer denkt schon gleich im Frühling wieder an künftiges Ungemach? Vergnügt dreht man sich zweimal im Garten um (also gut, dreimal), schaut nachdenklich auf das Grün, das gestern noch nicht da war – dann bohrt sich das Wort Boretsch wie ein Pfeil ins Gehirn – und der Frühling ist vorbei. Zu spät!! Nichts wurde geteilt. Gewuchert wird! Nicht mit Papier! Mit Blättern.

Nun werden sie also wieder ihre wundervoll leuchtenden sattgrünen Triebe hochschiessen lassen und wie bis jetzt jeden Sommer unglaubliche, kratzbürstige Blattmassen entwickeln. «Aucun soin de culture» verspricht mein ‹Guide pratique du Jardinier Français› aus dem Jahre des Herrn 1906. Kann man sagen. Der gute Guide belehrt mich auch darüber, dass diese Blätter «un bon sudorifique» sind und was heisst denn das nun wieder? Ein gutes Schweisstreibemittel? Ist das Ironie? Schweisstreibend wäre es in der Tat, das längst Nötige zu tun, diese Riesenstauden auszugraben, zu teilen und neu auszupflanzen!

Dafür lerne ich jetzt endlich, dass die wundervollen blauen Blüten jedem grünen Salat zur Zierde gereichen. Wie übrigens auch die Blüten der Kapuzinerkresse. Von der weiss ich nur, dass arme Leute – als es noch arme Leute gab – ihre Früchte als Kapernersatz nützten.

Alles schön und gut, das Boretschblatt schmeckt also nach Gurke, ob man die Pflanzen hochbindet oder nicht. Umschlingt man sie nicht (die Haut von langen Ärmeln dicker Jacken geschützt) mit meterlangen Schnüren, die von starken Stecken gehalten werden, legt der erste Gewittersturm sie flach, dann kann man die Ausdehnung einer Boretschstaude getrost in Aren angeben. Für die Jahresbilanz braucht man dann nur die Schnüre durchzuschneiden.

OSTERGLOCKEN

Das ist eines, zu sagen, wer ‹Der Wind in den Weiden› von Kenneth Grahame nicht gelesen hat, hat irgendwie nicht ganz gelebt. Das ist etwas anderes, zu fragen, wie der Engländer Anfang des 20. Jahrhunderts auf die Idee kam, eine bunte Tiergesellschaft aufzurufen – Dachs und Wasserratte, Maulwurf und Kröterich – und eine wundervoll lebendige Gesellschaft von Lebewesen daraus zu machen, die seitdem und immer wieder Kinder und Erwachsene gleichermassen vergnügen.

Nichts leichter, als das zu verstehen. Man muss nur aufschreiben können, was ist. Zum Beispiel so: Man nimmt eine Hacke, geht in eine Gartenecke, in der das Unkraut schon wieder richtig saftig grünt und strotzt, fängt an zu putzen und entdeckt dabei diese Löcher. «Nicht so tief wie ein Brunnen, noch so weit wie eine Kirchtüre; aber es reicht eben hin» (brüllt der tödlich getroffene Mercutio in ‹Romeo und Julia›), und von dem Augenblick an unübersehbar, in dem die scharfe Schneide der Hacke das Grasbüschel wegnimmt, das die Einfahrt in die Röhre tarnte.

Am Ende sind es fünf Löcher, ziemlich dicht beieinander. Ein Bau. Aber was für einer? Wühlmäuse wohnen nicht, die pennen irgendwo rum. Maulwürfe? Unmöglich, die werfen Berge auf. Ausserdem sind die Röhren zu gross dafür. Kaninchen? Dafür sind die Röhren wieder zu klein. Wer haust hier?

Hier wird nicht gehaust, hier wird gewohnt! Genauso, wie wir es meinen. Vier Zimmer, Küche, Bad. Vorgarten. Und im Vorgarten Blumen. Und da ist die Geschichte, für die Brehms Tierleben nicht zuständig ist. Überall in diesem uns sichtbaren Gartenstück blühen nämlich jetzt gerade die Osterglocken. Genau wie wir das kennen. Mit einer Ausnahme. Eine Osterglocke blüht knapp ein paar Zentimeter über der Erdoberfläche. Ich sehe nur die Blüte und die Spitzen der langen, schmalen Blätter, die in einem der Löcher verschwinden. Die Zwiebel, aus der sie spriessen, ist ganz weit unter der Erdoberfläche.

Klar! Der unbekannte Bau-, Nest-, Höhlen- oder Erdbewohner (kann auch Bewohnerin heissen) hat sich ganz liebevoll was gepflanzt. Hat sich mit viel Mühe die Narzissenzwiebeln geklaut, von denen ich hier oben glaubte, dass sie einfach nicht treiben wollten. Die blühen jetzt unten vor seiner Haustür. Meine Osterglocken. Und weil der Verräter nie schläft, wuchs eine davon ins Himmlische. «Überirdische Riesenosterglocke» titelte vermutlich das ‹Baublatt›, die Lokalzeitung der grabenden Fell- und Pelzträger. Ist es schwierig, sich vorzustellen, was da unten diskutiert wird?

Nichts als Geschichten. Frühling. Überall regt sich Bildung und Streben, alles will sich mit Farben beleben. Verdammt noch mal, die ganze Arbeit – und dann kommt so ein Esel und hackt alles ab. Sagen die da unten.

WONNEMOND

Im Garten sitzend, wollte ich alles aufschreiben, was blüht. Aber nicht einfach so irgendwie! Die Verführung zur Kunst ist schrecklich, ihr zu widerstehen machmal fast unmöglich. Erst hinterher kommt dann wieder die Einsicht, dass auch dieser Schuster gescheiter bei seinem Leisten geblieben wäre.

Aber der Text ging mir dauernd lirum, larum im Kopf herum. Das ist schrecklich, am Ende träume ich davon. Und weiss nicht mehr so recht, ob ich mehr über mich, meinen Einfall oder über das lachen sollte, was ich im Garten vorfand.

Es sollte ein richtig leiernder Text sein (heisst das nicht Prosodie?), eine Art gärtnerischen Sprechgesangs, der das Vorgefundene aufzählt. Ich stellte mir auch vor, dass jede Beobachtung von einem Chor wiederholt werden müsste. Also vorn würde es hell und frisch klingen: Der Flieder blüht! Und gleich darauf im Hintergrund, gedämpft (auf gut Deutsch *con sordino*): Der Flieder blüht. Wieder vorn: Der Jasmin blüht! Hintergrund: Der Jasmin blüht. Und immer so fort bis ungefähr Ende Wonnemond, also Ende Mai. Von den Apfelbäumen zur Clematis zum Ranunkelstrauch zum Spierstrauch, von den Eschen zu den Bluthaseln, zum Feuerdorn, bis zu den ersten Rosen (die Knospen sind ja schon prall) als höchster aller Anstrengungen der Natur, aus gelangweilten Zeitgenossen selig schwärmende Gartenpoeten zu machen.

Dazwischen sollte, als Erinnerung an das schon wieder Vergangene im gerade eben erst begonnenen neuen Aufbruch, von allem Verblühten die Rede sein, der Gesang dürfte also auch den Seidelbast nicht vergessen (eigentlich dürfte ich den aber gar nicht mehr nennen, ich habe ein ganz schwarzes Seidelbastgewissen, weil ich meinen Strauch schon im Januar für eine Seidelbastliebhaberin schrecklich plünderte). Aber die Schneeglöckchen sind verblüht und die Krokusse sind verblüht, die Osterglocken sind verblüht (immer ordentlich vorn, und dann im Hintergrund wiederholt) und die Tulpen sind verblüht und was ist eigentlich noch nicht verblüht? Und dann sehe ich wieder im Gewürzbeet den blühenden Thymian, auf der Veranda den zartblauen Rosmarin, es ist kein Ende dran, ich gebe es auf!

Dann wollte ich noch, wegen dem Wonnemond, der ja ganz abseits vom Gregorianischen Kalender sein Dasein fristet, den anderen Monden nachgehen. Ein paar wusste ich noch. Der Juni hiess früher (merkwürdigerweise) Brachmond. Der Juli Heumond. Der August hiess Ernting, der Erntemond. Und der Oktober war der Weinmond. Ich fand auch noch den Nebelmond (November), den Julmond (Dezember) und den Hartung (Januar). Die anderen waren weg, in meinen Büchern nicht zu finden.

Und ganz nebenbei: Das Problem mit dem Wonnemond war ja früher, dass alle Welt zu dichten anfing. Also mindestens die Welt unter zwanzig. Die meisten haben es später vergessen, nur manchmal, wenn ihnen ein hauchzarter Duft an der Nase vorbeizieht, kramen sie beunruhigt in ihrem Gedächtnis – war da nicht noch etwas? Ja ja, da war noch etwas!

Monat für Monat: So hiessen sie früher

Der französische Revolutionskalender Konventsdekret vom 5. Oktober 1793			Die alten deutschen Monatsnamen
Pluviose	(Jan/Febr)	Januar	Hartung (Wintermonat)
Ventôse	(Febr/März)	Februar	Hornung (Bastardmonat)
Germinal	(März/April)	März	Lenzmond
Floréal	(April/Mai)	April	Ostermond
Prairial	(Mai/Juni)	Mai	Wonnemond
Messidor	(Juni/Juli)	Juni	Brachmond
Thermidor	(Juli/Aug)	Juli	Heumond
Fructidor	(Aug/Sept)	August	Ernting (Erntemonat)
Vendémiaire	(Sept/Okt)	September	Scheidling (Herbstmonat)
Brumaire	(Okt/Nov)	Oktober	Weinmond (Weinlesemonat)
Frimaire	(Nov/Dez)	November	Nebelung
Nivôse	(Dez/Jan)	Dezember	Christmond

VOLL INS EISEN

Langsam wird es ein bisschen peinlich. Seit Wochen ziehe ich jetzt schon mit meiner Igelgeschichte ohne Igel herum. Dabei habe ich nicht zu viel versprochen, ich habe es nur zu früh versprochen! Ich habe ein Igelpaar bestellt, aber die liegen noch im Winterschlaf. Die stacheligen Herrschaften sind empfindlich. «Einer rennt im Garten herum wie benebelt, mit dem kann man gar nicht reden», höre ich am Telefon, «der sieht überhaupt nichts». «Der» ist die eine Hälfte eines Pärchens, das ich in mein ländliches Biotop einschleusen möchte. Wie unterscheiden sich Herr und Frau Igel? Man kann ja nicht jedesmal den Doktor holen. Der eine ist eben noch total verpennt. Dem ist es immer noch zu kalt!

Der oder die andere ist munter, streunt im Pflegegarten herum und verschwindet erst abends wieder im Heu, wo es gemütlich und warm ist. Wieso abends? Wusste Tucholsky das? Von dem habe ich doch gelernt:

Wenn die Igel in der Abendstunde
still nach ihren Mäusen gehn,
Geh auch ich zu meiner Kunigunde...

Es hilft nichts, Geduld bringt Rosen, inzwischen kann ich mich an denen stechen. Gelegenheit genug, es gibt immer noch welche, die noch nicht sauber geschnitten sind. Gärten brauchen nicht nur Liebe, sie brauchen auch ganz schön Zeit.

Zum Beispiel so: Da stehen sie in Reih und Glied, die Jungpflanzen. Der Winter war hart, er hat einiges ausgeräumt. Anderes war überständig, verholzt, alt. Also wird fröhlich eingekauft. Dreimal dies, fünfmal das, zweimal jenes. Zweimal zum Beispiel *Parthenocissus Veitchii* (auch *Vitis* oder *Ampelopsis*), auf Deutsch einfach Jungfernrebe. Das sind diese wunderschönen Selbstklimmer, die ganze Hauswände mit ihren grünen Blätterteppichen überziehen, die im Herbst so wundervolle Färbungen annehmen.

Zwei Exemplare Jungfernrebe also, irgendwas für acht Franken das Stück, in den üblichen schwarzen Kunststofftöpfen. Die immerhin schon hüfthohen Triebe an Bambusstäben aufrecht zusammengehalten. Die Triebknospen schon kräftig rot und prall, die Ballen schön durchwurzelt, alles da. Also zwei Löcher, ein bisschen Kompost und fertig.

Aber schon der erste Spatenstich geht voll ins Eisen. Ein halbes Spatenblatt tief Erde, dann kommt Beton. Weiss der Teufel. Jungfernreben pflanzt man ja nicht irgendwo ins Freie, sondern an eine Hauswand (zum Beispiel). Unter der mit Bedacht ausgesuchten Pflanzstelle liegt ein altes Fundament.

Ich mache es kurz. Spitzhacke, Vorschlaghammer, Brecheisen. Aus dem Löchlein wird langsam ein Loch. Ich übe Rundschlag – streng verboten auf Baustellen. Rundschlag ist, wenn man den Hammer im grossen Bogen hinter sich hoch über den Kopf wegschwingt und von da aufschlagen lässt. Dabei gab es schon Tote. Anderthalb Schubkarren Schutt. Dann zum Komposthaufen. Erde sieben, auch anderthalb Schubkarren, groben Sand dazu, die übliche Routine, Hornspäne, Vorratsdünger. Einfüllen, festtreten, auspflanzen. Der zweite Topf dauert dann keine zehn Minuten. Erde auswechseln, pflanzen, den Ackersegen, Gott befohlen.

Zwei Jungpflanzen in die Erde, du liebe Zeit! Unterm Strich: drei Stunden Arbeit. Der Rücken ächzt, die Handgelenke ächzen. Wie schön doch Gartenarbeit ist. Immer an der frischen Luft und so!

NA DANN!

Manchmal ist es toll. Ich weiss genau, was ich brauche, ich finde im Gartencenter sofort die Ecke mit den Rosen. Die Pflanzen stehen, fabelhaft versorgt, bis zum Kragen in feuchtem Torf. An den Kisten die Etiketten, die Auskunft über die Sorten geben. Bilder zeigen Art und Grösse der Blüten, die Texte erklären, was man auf den Bildern nicht sehen kann:

Einfach- oder Mehrfachblüher, Duft oder nicht, Höhe und natürlich Form der ausgewachsenen Pflanze. Bodendecker, niedrigwachsend, Busch- oder Strauch- oder Kletterrose. Ein Laden, der auf sich hält (das gibt es), achtet darauf, dass diese Informationen geliefert werden.

Zwei Handgriffe und ich habe, was ich brauche. Buschrosen, kniehoch, in die Breite wachsend, bis an die Frostgrenze blühend, eignen sich hervorragend als Randbepflanzung vor einer niedrigen Mauer, der ich die steinerne Härte ein bisschen abgewöhnen möchte.

Zwei Handgriffe, und ich hätte, was ich brauche! Aber schon steht das Mädchen mit der grünen Schürze neben mir. Warten sie, ich mache das! Wieviel? Drei Stück? Diese hier? Ich bringe sie!

So schöne Jungpflanzen hatte ich noch nie, fabelhaft bewurzelt, kräftige Triebe, das Holz von gesunder Farbe. Zwei Tage hatte ich keine Zeit zum Pflanzen, ausserdem regnete es bis zum Geht-nicht-mehr. Die Neuzuzüger standen derweil in einem Eimer Wasser und befreundeten sich mit ihrer neuen Heimat. Da kommt ja dauernd irgendwas Vierbeiniges vorbei, sagt Hallo! Wie geht's! Niemand langweilt sich.

Schliesslich musste ich. Der Boden war zentnerschwer vor Nässe, klebte wie Kaugummi, nur feuchte Klumpen. Also Kompost, also ein bisschen Sand, also Arbeit, also irgendwann waren die drei Zuzüger im Boden.

Vor Jahren habe ich angefangen, Neugepflanztes in einem Gartenplan einzutragen. Das sieht erstens sehr schick aus, wenn Besuch kommt, zweitens weiss man auch später noch, was man gepflanzt hat. Das wird ja immer gefragt – ist das eine schöne Rose! Wie heisst die? Ich nahm also ein Etikett ab und setzte mich abends damit an das Reissbrett mit dem Gartenplan. Machte drei Kreuzchen an der richtigen Stelle, trug das Datum ein, schrieb den Sortennamen auf und las, was sonst noch auf dem Etikett stand: Kletterrose, Höhe drei bis vier Meter.

Ja nein! Das gibts doch nicht! Was soll ich denn da mit Kletterrosen? Wo hat die grüne Schürze hingelangt? Was nun? Ausgraben und zurückbringen? Wer will denn da noch Rose sein! Ausserdem hatte ich die Pflanzen sorgfältig beschnitten! Umpflanzen? Ich war froh, dass ich die Dinger im Boden hatte – ich tat nichts, Schluss.

Rosensprache ist unüberhörbar, vor allem jetzt, wo diese starken Rüpel schon treiben wie wild: Was denkt der sich, schimpfen sie. Wo sollen wir denn hin? Kümmert der sich eigentlich noch um uns? Das ist doch keine Art, grosse Versprechungen, dann lässt er uns buchstäblich im Dreck sitzen.

Na dann. Was waagerecht vor einer Mauer wächst, kann auch senkrecht davor wachsen. Und ein paar Kletterstangen für Rosen, das werden wir ja auch noch schaffen.

GERMANISCH

Schwertlilien. Hat was, wenn man sie anschaut. Ein grünes Waffenarsenal. Botanisch heissen sie *Iris germanica*. Wer hat sie *germanica* getauft und warum? Wen soll man denn hier an seinem Namen erkennen? Fragen Sie einen Philosophen – nein, eben keinen Botaniker!

Vor Jahren schon gab es das Problem mit der Nordseite des Hauses. Da ist der Zufahrtsweg, und zwischen Hauswand und Wegkante (hallo, mittlerweile mit Stellplatten befestigt!) ein meterbreites Beet. Feucht und keine Sonne. Ich hatte keine Lust zu Kunstverrenkungen, ich probierte es mit Schwertlilien. Ich holte mir zwölf oder fünfzehn winzige Töpfchen mit Jungpflanzen, man sah sie kaum. Die verteilte ich, dazwischen setzte ich ein paar Asternstauden, *aster dumosus* für die Kenner.

Ich mache es kürzer als die Schwertlilien. Dem Licht entgegenstrebend, entwickelten sie Blätter, die jeden Germanenfürsten in helle Aufregung versetzt hätten (hier gibt es keine). Aber die Blüten kippten schon um, bevor sie aufgingen, zu lang, zu dünne Stengel. Das ist die Wahrheit, keine Anzüglichkeit.

Was aber ihrer Vermehrungslust keinen Abbruch tat. Nach all den Jahren stand im letzten Sommer eine Armee an der Hauswand. Und weil die Astern auch nicht faul waren, war die Neuordnung Europas zwingend. Es wurde beschlossen: Die Schwertlilien ziehen um, die Astern bleiben, denen gefiel es da ohnehin besser, die blühten ja immer, als würden sie dafür bezahlt.

Gesagt ja, getan etwas länger. Ich putzte die Rhizome, zerlegte sie in handliche Teile und pflanzte sie sauber nach dem Büchlein an ihren neuen Platz an der Sonne. Je mehr ich pflanzte, desto mehr blieb übrig. Du liebe Zeit, wohin mit dem Zeug! Ich dachte wehmütig an das Hopphopp der Winzlingstöpfchen des Anfangs (und was sie gekostet hatten auch!). Marktfahrervisionen gingen mir durch den Kopf (endlich mal Geld verdienen mit diesem verdammten Knochenbrechergarten), und am Ende war es ganz langweilig und einfallslos – ich packte den Überschuss auf einen der älteren Komposthaufen.

Natürlich hatte ich ein schlechtes Gewissen! Ich zog also den Haufen oben ein bisschen glatt, dann verteilte ich den germanischen Überschuss, einen wilden Haufen Wurzelstöcke und Abfall, in der schwarzen Erde.

Jetzt ist Mai. Die Neupflanzung Schwertlilien ist o.k., ein bisschen lahm, wahrscheinlich der Boden zu schwer, aber die kommen schon noch. Ich muss unbedingt Unkraut hacken dazwischen! Gegen das allerdings, was auf dem Komposthaufen wuchert – ein wilder Germanenhügel –, ist nicht anzuhacken. Sagenhaft! Könnte jeden botanischen Garten neidisch machen.

Und die Moral von der Geschicht'? Keine. Nur dies noch: Ich hatte gelesen, dass der getrocknete Wurzelstock einiger Iris-Arten wohlriechende Öle enthält (für Hustentee und Zahnpulver). *Iris germanica* vielleicht? Probieren Sie es nicht!

LÖWENZAHN

Jeder kennt die gelben Blüten, die jetzt zu tausenden in den Wiesen stehen. Liebhaber sind mit Messern und Körben unterwegs und sammeln junge Blätter – sie schmecken köstlich. Warum der Löwenzahn so heisst, konnte mir freilich noch niemand erklären. Wen hat er je gebissen?

Mich beisst er dauernd. Ich habe was gegen Löwenzahn. Das heisst, genau genommen habe ich eben nichts gegen Löwenzahn. Wie wehrt man sich dagegen? Es ist der alte Streit um Kraut und Unkraut. Was so kräftig gelb blüht, ist am Ende der Untergang jeder Wiese. Es fängt harmlos an, zwei, drei zarte, gezahnte Blättchen recken sich bescheiden und lieb zwischen Gras und Kraut, schnell bildet sich dann auf dem Boden eine kräftige Blattrosette, und wo die wächst, tut uns schrecklich leid, wir wollen ja niemandem was Böses, aber wir brauchen nun mal leider den Platz. Und gleich nebenan die Nächste. Man wird sich ja wohl noch ein bisschen ausbreiten dürfen, oder?

Jetzt hat also der Löwenzahn eine Kriegserklärung von mir bekommen. Stecheisen hier – Löwenzahnheere dort. Satt knackt die Pfahlwurzel (aus deren tiefsitzendem Rest sich gleich wieder neue Sprosse bilden – eine wahre Hydra!), eimerweise wandern die ausgestochenen Blattrosetten auf den Kompost. Die flachgemähte Wiese hatte hunderte von Mottenlöchern und mein Kreuz war abends so krumm, dass ich endlich mal durch die Stalltüren passte, ohne mich zu bücken.

Am nächsten Morgen war alles hochbefriedigend grün. Dann kam die Sonne. Und dann war alles gelb! Das hatte ich ja nie beachtet! Die Blüten schliessen sich abends und öffnen sich erst dem Sonnenlicht wieder. Noch einmal die Bücktortur? Bitte nicht! Jetzt kommt die Sense dran. Es soll sich ja vor allem nicht der Flugsamen aus der Haarkrone verbreiten (Pusteblume hiess der Löwenzahn darum bei den Kindern). Schneidet man die Blüten rechtzeitig ab, gibt es keinen Samen.

Ich trieb es also, wie Goethes Prometheus es Zeus befahl (in dem Gedicht, das ‹Prometheus› heisst): Dem «Knaben gleich, / Der Disteln köpft», köpfte ich Löwenzahn, köpfte einfach alles, was gelb war, und wünschte dem *Taraxacum officinale* (dem also auch noch Apothekerehren zuteil werden!) den Löwenzahnausfall, die Löwenzahnfäule, den Löwenzahnstein. Wie ein Rachegott hüpfte ich auf der Wiese hin und her, hieb hier ins Gras, dann dort, sah aber auch, wie die Knospen gleich bündelweise tief unten in den Rosetten sitzen – der Löwe hat gut vorgesorgt (wer sonst?).

«Was machen sie denn da eigentlich?» Meine Nachbarin hatte mir wohl schon einige Zeit etwas befremdet zugesehen, jetzt wollte sie es wissen. Da finden Sie mal ganz rasch eine einleuchtende Antwort! Ich hatte eine, aber nicht für Nachbarin: «Ist der Ruf erst ruiniert, lebt sichs völlig ungeniert!» (Wilhelm Busch).

IGELS FERSENGELD

Mit des Schicksals Mächten ist kein ewger Bund zu flechten. Ich erzähle die Igelgeschichte, weil sie versprochen war, weil sie komisch und, wie alles echt Komische, weil sie traurig ist. Weil es uns erinnert an etwas, was wir alle wissen und gern vergessen: Mache die Rechnung nicht ohne den Wirt!

Wir träumten alle schon von einem entzückenden Igelpärchen, von einem Gänsemarsch kleiner stacheliger Stopfkugeln, begleitet von Papa und Mama, mit uns als lächelndem Ehevermittlungsinstitut im Hintergrund. Aber nichts da. Der Frühling machte den Herrn überaus munter, er suchte, nicht ahnend, dass er seinem Lebens-, Liebes-, Kinder- und Mäuseglück davonlief, das Weite. Er fand es. Dass Igel auch graben, war mir neu, dieser grub sich aus seinem Wintergehege einen Ausgang unter dem Gartenzaun, der sein Winterreich begrenzte, und weg war er. Eine einsame Igelin in eine igellose Fremde zu entführen, das war mir ein zu schrecklicher Gedanke. Was bleibt mir übrig? Ich muss halt meine Mäuse wie eh und je selber fangen. Falls die nicht schon verdurstet sind!

Denn die Trockenheit ist ungewöhnlich. Dass man im April mehr mit Giesskanne und Gartenschlauch unterwegs ist als mit Hacke und Spaten, ist schon bemerkenswert. Dafür ist mir aber ein Raubzug geglückt. Ganz in der Nähe sind in einigen Waldstücken die Borde an den Strassengräben mit blühenden Schlüsselblumen so überaus dicht besetzt, dass die Randstreifen zwischen Strasse und Bäumen himmlisch gelb leuchten – Himmelschlüssel, so heissen sie doch auch! Da habe ich mir welche mit grossen Wurzelballen ausgegraben, in eine Gemüsekiste gepackt und ab damit in den Garten. Ein paar unter eine Trauerweide, ein paar zu Füssen grossmütiger Buchsbüsche, die Gastrecht gewähren. Ein alter Regenschirm schützte sie zwei Tage vor der neugierigen Frühlingssonne, jetzt stehen sie wundervoll – und blühen fast immer noch ein bisschen!

KOMPOST

In einer wunderschönen, leider nicht mehr identifizierbaren *Enzyklopädie des Ackerbaus* vom Ende des letzten Jahrhunderts lese ich, dass man dem Komposthaufen mit Vorteil jene organischen Abfälle zuführt, deren Zerfall schwierig oder langwierig ist – zum Beispiel Leder, Wollsachen, Abfälle aus Horn –, damit die Bakterien sich ihrer annehmen können. Unser Jahrhundert hat Telefonbücher hinzugefügt.

Der beigemischte Kalk reagiert vor allem auf die organische Materie, die sich langsam in Humus umbildet. Im Humus wird der Kalk als Calziumkarbonat gebunden und so weiter, am Ende haben wir das begehrte schwarze Pflanzenfutter. Inzwischen ist die Kenntnis der biochemischen Vorgänge vermutlich noch etwas weiter gediehen, aber Chemie hin, Chemie her, am Ende liegt immer noch das in einem Winkel des Gartens, was man wohl oder übel eines Tages mit Sieb und Schaufel angehen muss.

Natürlich ist der Komposthaufen nach drei oder vier Jahren Bakterienkolonisation nicht etwa ein sauberer Erdhügel, an dem man sich nach Bedarf für Balkon und Blumentopf bedient. Eher schon ähnelt der Gegenstand der Untersuchung einem Unkrautmusterbuch, einem Windenbiotop, einem Schlachtfeld, auf dem sich die seltsamsten Grasarten einen gnadenlosen Kampf um Luft und Licht liefern – o liebliche, zarte, reine Natur! Hohnlachend ranken sich Brombeeren, Kohorten von Brennnesseln wiegen sich meterhoch, eine einsame Dahlie hat sich breitgemacht – und was immer man nun am Schopf packt, weil ja irgendwo das hervorkommen muss, was alledem zugrundeliegt, hat man brennende, stechende, kratzende grüne Büschel in der Hand, an denen kiloschwere Wurzelballen hängen.

Nun aber los. Ausklopfen, die Büschel in die Karre, die Schaufel sticht flach zu, was draufbleibt, wird am Sieb emporgeschleudert, da rutscht es herunter, in den Maschen hängen helle Fasern, ringeln sich die langen weissen Wurzeln der Winden und Quecken, unten sammelt sich, was die Enzyklopädie als nichtorganisch wegliess – Steine, Glas, Tonscherben, Plastiketiketten, die wirklich unverrottbare Kokosschnur, Draht, Eisenstücke, Nägel, hartes Holz, und hinter dem Sieb häuft sich der Lohn der Mühe, die frische, duftende, wundervoll körnige Komposterde. Wohin denn nun wieder damit?

Für die Reste vor dem Sieb hat übrigens kein Gartenratgeber auch nur ein Wort übrig. Wohin damit? Meine Methode ist keine. Der Abfall vom alten Haufen wird neu kompostiert. In vier Jahren sehen wir uns wieder – nach mir die Sündflut.

Das sagt man doch: Wer einen Garten will, braucht ein kleines Stückchen Erde. Und eine Ewigkeit Zeit.

GARTENBAD

Zuerst lärmten sie ärgerlich über die Störung – immer im Chor! –, dann schauten meine Frösche interessiert zu. Ich hole drei unglaublich klebrige Tonklumpen – buntlockende Etiketten priesen die schönsten Seerosen der Welt an – mühsam aus ihren schwarzen Plastiktöpfen und setzte sie in drei vorbereitete Körbe mit erworbener Teicherde drin (und geklautem Kies drauf).

Dann hängte ich Korb um Korb mit Hilfe langer, zu Schlaufen gebundener Schnüre an eine noch längere Stange, die Stange drehte ich langsam und vorsichtig auf einem am Ufer eingeschlagenen Holzpfosten so, dass der daranhängende Korb langsam über die Wasserfläche hinausschwebte. Dann senkte ich die Holzstange so, dass der draussen schwebende Korb mit der Seerosenpflanze langsam im Wasser verschwand und auf Grund ging. Meine Frösche schauten skeptisch zu und zählten die aufsteigenden Luftblasen.

Holzstückchen hielten die Schnurschlaufen an der Wasseroberfläche, so liess sich die Stange leicht herausziehen, die Hölzer bezeichnen nun die Stellen, wo was wachsen soll.

Der Leichtsinn hatte mich dazu verführt, auch noch vier kleine Töpfchen Wasserhahnenfuss zu kaufen. Ich pflanzte sie zusammen in eine flache, kleine Holzspankiste. Der Kies reichte noch. Aber jetzt hatte ich ein Problem. Das Kistchen war nicht sehr stabil, aber schwer. Nichts für mein Schnurmodell Marke Pusztabrunnen.

Ein langes, ungehobeltes Brett half. Sein eines Ende schwamm draussen. Mit einer Latte schob ich das Kistchen vom anderen Ende her auf dem Brett vorsichtig vorwärts. Ich erwartete Reibung, Schieben, langsames Absinken des Bretts durch das Gewicht des Kistchens, sanftes, schräges Rutschen.

Doch erstens kommt es anders und zweitens, als man denkt. Das Kistchen schmierte los wie nichts, das Brettende ging unter wie nichts. Kippt mir die Kiste seitlich vom Brett, fällt alles heraus, Erde, Pflanzen, Kies – die Mühe umsonst.

Es war ein angenehmer Frühlingstag, nicht gerade Badewetter, aber ich war ja gut angezogen. Ein bisschen kalt am Bauch, das Wasser, aber nicht schlimm. Dafür ging die Kiste bildschön auf Grund.

Und die Frösche hatten endlich wieder was zu quaken. Die lachten sich scheckig, das hörte ich gerade noch!

KURZ UND KLEIN

Im Garten ging es ja noch an, der Boden war zwar trocken und hart, aber Schwarzerde ist schwarz, weil sie sehr humos ist, und irgendwann muss man ja auch mal dafür belohnt werden, dass man Jahr um Jahr Kompost schichtet und umschichtet und kalkt und siebt und ausbringt. Man kann also immer noch arbeiten, weil die Krume trotz Trockenheit tut, was sie soll, sie krümelt.

Aber drüben auf dem Acker! Der Pflug war ja schon vor Wochen drübergegangen, jetzt reckten sich die blassgelben Schollen wie riesige Granatsplitter Furche um Furche seitwärts steil hoch. Da soll was wachsen?

Morgens kam der Nachbar. Mit zwei Traktoren. Das 20. Jahrhundert war das Jahrhundert der Dieselmaschinen, ohne sie gäbe es unsere Zivilisation nicht. Die schwere Scheibenegge walzte mühelos alles nieder, mahlte die betonhart getrocknete Erde zu nussgrossen Brocken, hinter ihr lag der Acker lammfromm wie ein grosses Tischtuch. Der zweite Traktor – ein Industriebetrieb ist was Mittelalterliches gegen diese Bauernwirtschaft – zog die Sämaschine, eine Tour sät zwanzig Reihen.

Aber das konnte ich nur wissen, nicht sehen. Was ich stattdessen sah, machte mir erst einmal Sorgen. Ein Blick über den Hof war wie ein Blick durch Watte. Meine Augen! Aber wenigstens die Sorge war unbegründet. Ich sah schon gut genug. Die Watte war da. Was über den Hof zog, waren braune Staubschwaden. Die Traktoren drüben auf dem Acker fuhren wie unter Alberichs Tarnkappe, ich sah nur, wo sie sein mussten – in den beiden riesigen Staubwolken, die um sie herum hochquollen. Was soll da wachsen?

Am Nachmittag drehte der Wind und bestäubte die Nachbarn. Und nachts rauschte der Regen. Wie war das mit den Kartoffeln und den Bauern? Irgendwie muss man auch noch mal über das Sprichwörterbuch!

EIGENBEDARF

Der ehemalige Fohlenstall steht seit Jahren leer, den Platz kann ich gut brauchen. Für Werkzeuge, für Maschinen, was sich halt im Laufe der Zeit so ansammelt. Zuerst natürlich mal aufräumen. Man lief da immer wie auf Watte, jetzt zeigte sich warum. Zusammengestampfter Strohmist löste sich in grossen Placken vom Boden, darunter ist Beton. Alles staubtrocken. Dann musste die hölzerne Zwischendecke raus – Längsbalken, Querbretter –, das Zeug ist unappetitlich und verrottet. Also ran mit dem Geissfuss, das Holz kracht weg, die Bretter zerfallen gleich von selbst.

Und dann Ende der Vorstellung. Warum? An einem Balken klebt ein altes Schwalbennest. In dem alten Schwalbennest sitzen neue Mieter. Ich kann sie nicht genau erkennen, Meisen wahrscheinlich. Ich werde massiv beschimpft. Einer der Piepmätze torkelt durchs Fenster, macht mir den Lockzirkus vor, weg vom Nest. Dabei ist mir längst klar, dass ich hier nichts verloren habe. Selber schuld! Ich hätte halt beizeiten kündigen und gleich Eigenbedarf anmelden müssen. Jetzt kann ich mich ewig und drei Tage herumärgern mit diesen Dreckspatzen, ich würde da auch nicht ausziehen!

Schnell was ganz anderes, was Schönes tun! Zwei Komposthaufen saubergemacht, oben glattgezogen, Kürbis und Zucchetti gepflanzt. Kürbis ist immer gut. Vor zwei Jahren wog der dickste 35 Kilogramm. Das reicht für Völkerscharen (und den Rest fressen die Kühe). Die Zucchetti kann man gar nicht so schnell ernten, wie sie nachwachsen!

Zwei Tage später kam der Dachdecker vorbei. Wir standen im Fohlenstall und verrenkten uns die Hälse. Jetzt kann man sowieso nichts machen, sagte ich ihm, die brüten da oben. Er pflückte die Gauloise aus seinem Mund, legte den Kopf schief und betrachtete das Nest. Das ist leer, sagte er.

Er hatte Recht. Die waren ausgezogen. Das Nest war wunderschön mit Flaumfedern gepolstert. Und leer. Mein Gott, die Arbeit! Jetzt tat es mir schon wieder leid. Leider zu spät.

ALS OB

«Die schönsten Gärten», lese ich in einer jener lockenden Buchanzeigen, deren Bilderprunk einem fast jeden echten Garten verleiden könnte, «die schönsten Gärten sind noch immer jene, die zwar sorgsam angelegt sind, dabei aber aussehen, als hätte die Natur sie gestaltet.» Das würde ich am liebsten ganz anders sagen: Die schönsten Gärten wären jene, die die Natur gestaltet hat, von denen aber alle sagen, haben Sie das schön gemacht! Das gibt es ja – wer einmal im Süden durch den Maquis streift, weiss es. Aber wer hat schon so eine Natur!

Dieser Frühling war traumhaft schön. Wir haben ohne Einschränkung allen Grund, dankbar zu sein. Der Natur oder Petrus oder dem lieben Gott oder allen zusammen. Was haben wir gelernt? Fast wie von selbst übernahm die Natur das Ruder und zeigte vor allem eines: Zur Gartenkunst gehört auch die Fertigkeit, im richtigen Augenblick die Finger rauszunehmen, die Dinge gehen zu lassen und vielleicht nur ganz gelegentlich, hier oder dort, ganz beiläufig und unauffällig den Daumen dazwischen zu halten, ein bisschen zu lenken, leise Nein zu sagen, wenn sie es zu bunt treibt, oder nachzuhelfen, wenn sie zu bedächtig ist.

Aber auch das muss man ja erst lernen. Zuerst putzt man in jeder Ecke, unter jedem Strauch, an jeder Kante, wo man mit dem Grasschneider nicht hinkommt. Hier mit der Sense, da mit der Sichel, dort mit der Grasschere. Dann wird man etwas nachlässig, vielleicht sogar aufsässig, man sucht gute Gründe für seine Nachlässigkeit – schliesslich soll ja der Garten für mich da sein und nicht umgekehrt. Und dann, langsam, ganz langsam begreift man, wie man diesen scharfen Rändern erlauben muss, stumpf zu werden, sich aufzulösen, so, dass eins ins andere übergehen kann. Bis hierhin das Mass – von hier an das Unmass. Und sind sie am Ende nicht wundervoll, diese Übergangszonen? Der Rasen grenzt an die Wiese. Meterhoch stehen dort die zart blühenden Gräser, die Feldblumen dazwischen, langsam verfärbt sich die Wiese, wird hellbraun, glänzt und glitzert, wenn der Wind leise darin atmet. Und mitten hindurch der schmale, sattgrüne Grasweg, immer wieder kurz geschnitten, gerade genauso breit, wie die Maschine läuft.

Natürlich kommt von Nichts nichts. Wie lange dauert es, bis es so aussieht, als hätte man der Natur den Bauplan hingelegt und gesagt, los, nun mach mal? Im Klartext: Wie lange muss sich einer schinden, bis er Komplimente so bekommt wie andere Leute Blumensträusse. Und überhaupt. Macht er es etwa deswegen?

Ich bohre ein Loch in die Logik, drehe sie um und behaupte einfach: Ich weiss es. Es dauert genau zehn

Jahre. Es dauerte genau zehn Jahre. Wie war der Satz da oben? Die schönsten Gärten sind jene, die so aussehen, als hätte die Natur sie gestaltet? Oh ja.

STUMMER BOTE

Wie lang ist eigentlich ein Fuss? Man sagt «ein Fussbreit Boden», aber wie breit ist das? Ich habe meine Füsse vermessen, 29 Zentimeter lang (nicht breit).

Und wozu? Ich wollte eine Grössenvorstellung vermitteln. Ich wollte sagen, ungefähr einen Fuss lang und einen breit, und jede und jeder sollte sagen *Aha!* Und das kam so. Schon letzthin sah ich vom Rand aus mitten im Teich etwas dümpeln, was ich nicht erkennen konnte. Meist schwimmt Holz im Teich, das von den Bäumen kommt, aber dies war erkennbar kein Ast. Es war überhaupt nichts aus Natur, es war Kunst – Kunststoff. Irgendwie schwarz, irgendwie eckig, aber irgendwie ist gar nichts, und es war zu weit draussen, um es zu angeln. Ich weiss schon, weshalb ich seit ewig und drei Tagen ein Schiffchen haben möchte, ein kleines Boot, ein Floss. Dann könnte ich auch mal einen Frosch aus Seenot retten oder die Entennester auf der Insel (dem Inselchen) ansehen.

Dann war das USO (Unidentified Swimming Object) verschwunden, aber dieses Mal schwamm es mir direkt zu Füssen. Was es war, begriff ich erst, als ich es aus dem Wasser geangelt hatte. Es war ein schwarzer, leichter, viereckiger Pflanzkübel mit flachem Boden, aus feinem Kunststoffgitter gepresst, ungefähr ein Fuss (aha!) im Geviert und ebenso tief. Doch, doch, jetzt wusste ich, was es war!

Ist es zwei Jahre her, dass ich unter dramatischen Umständen (ein unfreiwilliges Bad) die Teichrosen pflanzte? Ich hatte drei dieser Kübel präpariert. Drei

Pflanzen kamen in die richtige Erde. Gärtnerischer Empfehlung gehorchend, klaute ich auf einem Bauplatz in der Nähe einen Eimer Kies und verteilte ihn als Abdeckung auf die Erde in den Kübeln. Das war einleuchtend, dass diese Steine die Pflanzerde beieinander halten sollten. Jeder dieser Kübel war saumässig schwer – unfreiwillig baden ging ich freilich (siehe dort) erst hinterher.

Nur eine der drei Pflanzen wuchs. Im letzten Sommer entzückte mich die Nymphe (Teichrosen heissen ja *Nymphea!*) mit schneeweissen Blütenblättern, die von einem denkbar zarten Lachsrosa überhaucht waren – Akklamation der Frösche selbstverständlich, und ich fragte mich, wo die anderen beiden Nymphen wohl geblieben waren.

Dieser leere Kübel ist eine Antwort. Wo ist der dritte? Sehen kann ich ihn nicht, das Wasser ist immer braun, weil jeder Regen Erdreich einspült. Ich kann mir einfach nicht vorstellen, wo Erde und Steine geblieben sind, das geht doch nicht von selber!

Aber das ist es gar nicht, was mich so merkwürdig berührt, es ist etwas anderes: Dieser leere Kübel ist ein Symbol des Verlierens, des Scheiterns, ein Bote aus dem Nichts. Wie in einem Western. Jemand reitet morgens fort, abends kommt das Pferd allein zurück. Und redet natürlich wieder nicht! Und man steht da, staunt, ist traurig, weiss nichts und kann nichts tun.

GESTERN

Noch einer dieser wundervollen, geschenkten Frühlingstage, die den Sommer vorwegnehmen – der tiefblaue Himmel, die riesigen Bettfederwolken, das sattgrüne Gras, die Rosenzweige, schwer von Knospen. Sie fangen gerade an, Farbe zu zeigen. Andere, unten an einer Südwand, sind schon offen, und die neu gepflanzten Strauchrosen sehen sehr neugierig, sehr gesund und sehr munter aus.

Gärtnern heisst schwärmen, natürlich. Gärtnern heisst aber vor allem auch krummer Rücken und Schwielen. Und immer neuer Umgang mit der Hacke. Wo sind die Immergrün und Efeu, die ich gerade erst als Unterpflanzung in den tadellos sauberen Streifen mit den Kletterrosen gesetzt hatte? Ach ja – bei genauem Hinsehen findet man sie schon noch zwischen allem anderen, in dieser üppig spriessenden, ungebetenen Natur, der es jetzt zugunsten der Schwächeren an den Kragen gehen muss.

Verdrehte Welt – die Oberfläche des schweren Bodens, vom letzten Regen gerade eben (schon wieder!) zugeschlämmt, ist (schon wieder) hart und trocken. Aber dafür gleitet das scharfe Blatt der Hacke gut, schneidet – o, wie werd ich triumphieren! – sauber am Wurzelhals weg, was sich ungewünscht breitgemacht hat. Nicht alles freilich – unglaublich, welche Zähigkeit manche Unkräuter besitzen. Zwei Wochen alt, und schon muss man hart und tief schlagen, um das faserige, schon fast verholzte Geflecht herauszulösen.

Ein geschenkter Tag ging wie ein Theaterstück zu Ende, erst war er heiss und trocken, dann schwül, der Himmel wurde schwarz, schwer und drohend, das Gewitter kam. Wer denkt da, fiel mir zwischendurch und ganz absurderweise ein, noch an die Eisheiligen? An die gestrengen Herren Mamertus, Pankratius und Servatius? An die kalte Sophie? Die sind aber gerade eben erst vorbei. Und im Lexikon lese ich (denn ihre Namen hätte ich nicht gewusst!), dass dieser letzte Winterreflex kein Aberglaube, sondern durch Beobachtungen nachgewiesen ist. Nun aber herrschten Blitz und Donner, dann rauschte der Regen.

Spät in der Nacht ist es ganz still. Nur die Grillen

sind unermüdlich, und manchmal quakt ein Frosch
(etwas verpennt, die Herrschaften). Aber in den Büschen schlagen die Nachtigallen, es ist zum fromm
werden. Wie der kleine Simplicius bei Grimmelshausen ganz fromm wurde, «Weil mich diese Harmonia so lieblich zu sein bedunkte»:

> *Nur her, mein liebes Vögelein,*
> *Wir wollen nicht die fäulste sein*
> *Und schlafend liegen bleiben:*
> *Vielmehr bis dass die Morgenröt*
> *Erfreuet diese Wälder öd,*
> *In Gottes Lob vertreiben.*
> *Lass dein Stimmlein*
> *Laut erschallen, dann vor allen*
> *Kannst du loben*
> *Gott im Himmel hoch dort oben.*

Heute morgen war es frisch, kühl, fast kalt – wie
hauchdünne Watte lag der Dunst auf den Feldern.
Später am Morgen ist der Himmel gross und blau, es
wird ein schöner Tag werden – noch einer!

VOGELFREI

Der Apfelbaum – ganz altmodischer Hochstamm – ist
hübsch ausladend. Vor zehn Jahren passte er leicht
in das fünftürige Auto, in dem Freunde ihn mitbrachten, als Geschenk. Die Pflanzung war eine heitere Zeremonie. Dann wurde er grossgeschnitten,
Winter für Winter. Irgendwann konnte der Stützpfahl
weg. Einmal musste das Stämmchen auf der Wetterseite mit einer weichen Kupferdrahtbürste von dicken Flechten befreit werden – seitdem macht mich
immer wieder kopfscheu, dass nie mehr neues Moos
nachwuchs. Übelnehmer?

Geerntet wurden bis letztes Jahr nur Würmer.

Zwar liess sich mal an einem, mal am anderen Apfel ein unbewohntes Bäckchen zum Probieren abschneiden – nichts als Speck durchs Maul ziehen.

Also spritzen. Ideologische Grabenkämpfe gingen voraus. Nein, ich bin kein Mörder. Nein, davon sterben keine Bienen. Nein, die Äpfel werden nicht vergiftet. Nein, wir auch nicht. Dann gibt es Terminvorschriften. Man kann nicht einfach in der Gegend herumspritzen. Die Anleitungen auf der Spritzmittelpackung sind streng und völlig humorlos. Drei Tage vor der Blüte, fünf Tage nach der Blüte und so fort. Das Problem, das ich hatte, kam natürlich nicht vor. Und das war so.

Der Tag war bestimmt, es war trocken und fast windstill. Ich stellte eine Leiter auf, buckelte den Kupferkessel mit der Spritzbrühe und stieg vorsichtig, das Sprührohr in der rechten Hand, Sprosse um Sprosse nach oben. Oben angekommen, sah ich, dass ich nicht allein war. Mitten im Baum sass eine junge, sehr hübsche Ringeltaube. Wir sahen uns an und dachten beide dasselbe: Muss das sein?

Tauben im Park vergiften? Immer! Aber hier? Zureden half nichts. Kann sie nicht fliegen? Dummes Zeug, die fliegt jedenfalls besser als ich!

Also die Leiter wieder hinunter, das Spritzgerät abgebuckelt, eine lange Latte gesucht und damit in den Baum gestochert. Endlich flüchtet sie auf den Dachfirst nebenan. Warum nicht gleich! Ich bringe die Latte weg, buckele das Spritzgerät erneut, klettere wie gehabt die Leiter hinauf – meine Bekannte war schon da.

Die Spritzerei wurde auf den nächsten Tag verschoben. Leichter Regen, halbe Wirkung. Wieder Würmer und wo ist die Logik? Tauben fressen doch keine Würmer! Wer hat bloss dieses Vieh engagiert?

Sommerbild

Ich sah des Sommers letzte Rose stehn,
sie war, als ob sie bluten könne, rot;
Da sprach ich schaudernd im Vorübergehn:
So weit im Leben, ist zu nah am Tod!

Es regte sich kein Hauch am heissen Tag,
Nur leise strich ein weisser Schmetterling;
Doch, ob auch kaum die Luft sein Flügelschlag
Bewegte, sie empfand es und verging.

Friedrich Hebbel, 1813–1863

DUFTRAUSCH

Die Luft muss sich ganz leicht bewegen – nur ein Hauch. Die Sonne soll scheinen. Es muss Nachmittag sein, eher dem Abend zu, denn die Rosen, um die es geht (sie sind beileibe nicht alle gleich), brauchen Lockung und Verführung, um ihren Duft zu entwickeln. Aber dann, dann kann man mitten im Grasgarten stehen und unvermutet, ohne dass man nur daran gedacht oder darauf gewartet hätte, ist es, als würde ein zarter, unsichtbarer Duftschleier ausgeworfen, der sich langsam, langsam herabsenkt und über einem ausbreitet.

Rosenmond, Heumond, Erntemond – Juni, Juli, August –, Damaszener, Portlandrosen, Moschus- oder Moosrosen im Garten. Oder dann im richtigen Augenblick, kurz geschnitten, im niedrigen Glas, ein paar Rosmarinzweige dazwischen, ein paar Pfefferminztriebe, vielleicht ein paar erste, jetzt schon rote Hagebutten von den Hundsrosenbüschen mit dem immer frischgrünen Laub. Und dann das geduldige Zusehen, wie die Knospen sich entfalten, wie das vollkommene Rund der Blüten sich öffnet, das Warten auf den Duftrausch.

Nach zwei Tagen sind sie offen, drängen sich nun da, wo die Knospen eben noch Platz nebeneinander hatten, zartrosa, lachsrosa, zartpurpur. Jetzt ist der zarte Rosenduft überall. Dann die Veränderungen der Blüten, das Verbleichen der Farben, das langsame, lautlose Zerflattern, nur jetzt ja nichts berühren!

Wie kann man diese Rabenmutter Natur ehren, die so wenig Zeit lässt, klagte Pierre de Ronsard (1524–1585),

> *O vraiment marâtre Nature,*
> *Puis qu'une telle fleure ne dure*
> *que du matin jusques au soir!*

Eben noch war er in den Garten geeilt,

> *Mignonne, allons voir si la rose*
> *Qui se matin avait déclose*
> *Sa robe de pourpre au soleil,*

da ist es schon wieder vorbei. Die abgefallenen Blütenblätter liegen wie hingehaucht auf der weissen Tischdecke, luftige Flocken, in denen das Licht schimmert. Jetzt verändert sich ihr Duft wahrnehmbar, bekommt eine ganz leichte Schärfe oder Spitze, wir denken schon an Potpourri, diese englische Art, Blütendüfte für den Winter aufzuheben. Jetzt kann man, wenn man sich von den Blüten nicht trennen kann, das Wasser wegtun, die Blüten trocknen lassen – sie duften weiter.

Draussen wachsen sie ja noch nach, wer seine Rosensträucher sauber ausschneidet, wird für die Mühe belohnt, viele Rosen blühen ein zweites Mal, andere dauernd bis an die Frostgrenze.

Aber nichts kommt diesen ersten Rosenblüten gleich, diesen ersten Farben, die die Knospen zeigen, ihrer zarten Reinheit, dem vollendeten Ebenmass, in dem sie zwischen den sanftgrünen Fiederblättern erscheinen. Und jene erste, erstaunte, nicht mehr bedachte und jetzt wieder ins Gedächtnis zurückfallende Erinnerung an alle Rosenjahre, die schon waren.

SCHNELL

Manchmal träumt ja jeder davon, wie alles fast von selber gehen könnte. Gedacht, getan. Eben angefasst, schon fertig. Diese Schmuddelecke am Schuppen, schon lange ein Ärgernis. Die Brennnesseln hüfthoch. Früher konnte man Brennnesseln noch brauchen. Baumwolle war für reiche Leute, die Bastfasern der Brennnessel dienten zur Herstellung von

Nesselgarn und Nesseltuch. Wenn wir heute Baumwollnessel sagen, ist das also ganz verkehrt. Habe ich auch wieder nicht gewusst.

Aber wenigstens der Salat von den jungen Triebspitzen ist gut. Natürlich brennen sie schon. Die Brennhaare auf den Blättern machen es. Sie enthalten scharfe, ätzende Stoffe. Werden diese Haare berührt, brechen ihre Spitzen ab, ritzen die Haut, ihr Inhalt gelangt in die Wunden.

Aufräumen also, frischen Muts und gleich nach dem Frühstück. Alles andere später, der Tag ist lang. Runtergemäht ist das Zeug schnell. Was bleibt, sind die Stoppeln, ist das Wurzelgeflecht. Meterlange Netzwerke, die sich wie loses Gewebe aus dem Boden ziehen lassen, wenn man vorsichtig ist. Vorsichtig geht nicht, weil die Wurzeln um alles herumwachsen, was im Boden festsitzt. Als da sind: Steine.

Nicht einfach das, was wir uns unter Steinen vorstellen, sondern die Reste ehemaliger Bautätigkeit. Dachziegelbruch in allen Grössen. Es hört nicht auf! Wann ist das Dach hier das letzte Mal neu gedeckt worden? Weiss nicht. Lange vor mir, lange her. Es ist wie überall, was übrig war, blieb einfach liegen.

Und macht dann erst den Boden, den die Brennnessel – eine Schuttpflanze – liebt. Kalkhaltig muss er sein. Deshalb wächst sie so gern an Mauerrändern, am liebsten dort, wo noch nicht mit Zement, sondern mit Kalkmörtel gebaut wurde. Jedes Ziegelstück sperrt sich leicht und hartnäckig vor dem Aufheben, weil es von zähen gelben Wurzeln fest umschlungen ist. Der Boden, der zurückbleibt, ist mehlig, öde und hässlich. Also auffüllen mit Komposterde.

Kurz und gut? «Schnell und gut sitzen nicht unter einem Hut», sagt das Sprichwort. Die Nachmittagssonne schon ziemlich weit unten, der Arbeitstag neigt sich seinem Ende zu. Was ist getan? Ein Streifen Erde liegt da, nackt und bloss und sauber. Und jetzt? Efeu? Wilder Wein? Clematis? Kletterhortensie? Kletterrosen? Also Gerüste – aber das geht ja schnell!

VOM RECHTEN SÄEN

Ein einziges Mal war meine Grossmutter richtig böse mit mir – ich war gerade vierzehn Jahre alt, ich habe es genau deshalb nie vergessen, weil es das einzige Mal war. Der Anlass war so tiefernst wie komisch. Ich hatte gerade gelernt, wie man eine Saatkiste fachmännisch herrichtet (fachfraulich gab es damals nicht). Die richtige Erdmischung, die richtige Füllhöhe in der flachen Kiste, und dann, vor allem, wie man Kleinstmengen aus diesen kleinen Tüten richtig sät. Wenn man es nicht kann, rieseln die Körner nicht gleichmässig über die ganze Fläche, sie rutschen schwungvoll auf einmal aus der Tüte, ein winziges Häuflein, dann hatte man erst mal was zu tun. Es wurde also geübt, mit feinstem Sand auf Papier zum Beispiel. Alles musste zart und sanft sein, der Boden locker, so ein Körnchen muss ja gewaltig arbeiten, bis es seine Keimblätter an die Luft bekommt.

Aber jetzt bereitete ich ein Saatbeet im Garten vor. Da waren es natürlich keine Begonien (staubfein, hundert oder zweihundert Körnchen auf ein Gramm), da waren es Radieschen oder Karotten oder so etwas, das weiss ich nicht mehr.

Ich wollte es natürlich nicht nur besonders gut machen, ich wollte vor allem mal zeigen, wie man das richtig macht, nicht diese grobschlächtige Schrebergärtnermanier! Also machte ich Feinstschliff mit der Harke, ritzte ein oder zwei millimetertiefe Rillen und verteilte die Samenkörnchen kunstvoll. Dann zog ich die feine Erde hauchdünn darüber und klopfte sie vorsichtig, vorsichtig ein bisschen fest.

Was machst du da eigentlich, fragte meine Grossmutter, die zu jener Zeit vermutlich schon mehr Radieschen gesät hatte, als ich bis heute essen konnte.

So macht man das! Betonung auf So! Sagte ich. So, sagte sie, was denkst du eigentlich, was geschieht, wenn es nächstes Mal regnet? Erwartest du Dankschreiben von den Vögeln, die hier schon fröhlich herumzwitschern? Das war ja schon Argument genug. Aber natürlich wollte Neunmalklug nicht aufgeben, aber jetzt wurde Grossmutter rabiat. Sie griff zur Harke, häufte Erde auf die Saatrillen, dann – du glaubst es ja nicht – trat sie die Erde mit ihren flachen Schuhsohlen fest. Da soll noch was wachsen?

Du liebe Zeit, es wuchs, natürlich wuchs es. Inzwischen frage ich mich schon, was man tun müsste, dass es nicht wächst! In jeder Ritze, in jeder Spalte, Samenkörner so fein, dass man sie mit blossem Auge gar nicht sieht. Und du kommst nächstes Mal und schon wieder ist der Weg grün, dreht sich die Winde elegant an allem empor, was gerade oder krumm herumsteht.

Und ich sah (und sehe es immer wieder und staune immer wieder), wie tonnenschwere Traktoren mit angehängten tonnenschweren Sämaschinen über die Ackerflächen fahren. Auch wenn auf ein Weizen- oder Gerstenkorn dreihundert Begonienkörner gehen – ist es nicht trotzdem winzig? Und lässt sich zuschütten und festfahren und plattwalzen, mit Dieselqualm vollmiefen bis es schwarz ist, und wächst doch?

UND WIEDER ROSEN

Nun sitzt du mitten in der Blütenpracht und wie geht es dir? Wie dem sagenhaften Eulenspiegel. Bergauf war er vergnügt, weil er sich aufs Bergab freut, bergab missmutig, weil er das Bergauf voraussieht. Die Kletterrose über der Pergola war so unirdisch schön wie erhofft – eine duftende zartrosa Wolke. Und dann? Unentwegt schwebten die Blütenblätter auf den Tisch. Nein, nicht auf den Tisch, auf die Tischdecke, nur da bleiben sie noch ein wenig wie zarte Flaumfedern liegen.

Eines meiner Lieblingsgedichte ist von Pierre Ronsard (1524–1585), dem französischen Renaissance-Poeten. Es kommt immer wieder vor. Es heisst «A sa Maîtresse». Wenn man es ganz unbefangen liest, denkt man sich halt, na ja, noch ein Franzose, der Mignonne liebte und Rosen bedichtete. Wenn man etwas befangen ist (was sich doch gelegentlich empfiehlt), lernt man, dass sich Ronsard von einem über tausend Jahre alten Rosengedicht des römischen Dichters Decimus Magnus Ausonius anregen liess (der Römer lebte von 310–393). Was für ein Horizont! Vor 450 Jahren stürmte Ronsard morgens früh mit seiner Geliebten Mignonne in den Garten (allons voir si la rose), suchte die eben aufgeblühte Rose und bestaunte hingerissen

Les plis de sa robe pourprée
Et son teint au votre pareil,

um alsgleich (es muss alsgleich heissen und nicht etwa sofort) genauso betrübt wie ich 450 Jahre später angesichts der wegschwebenden Blütenblätter zu klagen (nein, ich kann natürlich nicht so schön klagen)

O vraiment marâtre Nature,
Puis qu'une telle fleur ne dure
Que du matin jusques au soir!

Und gleich wieder die Fragen – muss ich jetzt schneiden und wenn ja, wie? Nein, nein, überhaupt nicht, Wildrosen schneidet man sowieso erst nach der Blüte, sonst schneidet einer ja alles ab, wofür er gearbeitet hat! Die Rambler mit ihren meterlangen glatten Austrieben, die jetzt schon im Blattgrün leuchten, putzt man im Herbst, alles andere wird im Winter geschnitten.

Nein, es ist nicht schwer zu lernen, Rosen, die am einjährigen Holz blühen, von denen zu unterscheiden, die am zweijährigen Holz blühen. Nein, haben wir doch Geduld. Nein, räumen wir nicht immer gleich auf. Nein, versuchen wir, das Ganze zu verstehen, dieses leise Hinwelken, dieses Verblühen, dieses Verfallen.

Nein, jetzt lieber mit der Nase ins Gesträuch, wie das duftet. Und wenn es unbedingt sein muss, die welken Blüten ausschneiden. Ach ja, also doch wieder schneiden, doch wieder Unterwerfung der Natur – O vraiment marâtre Nature!

Natur, wie soll man dich ehren,
Da du doch ein solche Blum
kaum einen Tag lassest gewähren,

übersetzte Georg Rudolf Weckherlin hundert Jahre später das Ronsard-Gedicht – ich würde es am liebsten an jeden Rosenstrauch heften. Zum Auswendiglernen.

GRAS AUCH

Zur Abwechslung laufe ich mit dem Metermass im Garten herum. Ich war neugierig, wie lang sind die längsten Grashalme auf dem Wiesenstück? Früher war Gras Gras, na und? Jetzt kommt die Wiese als botanischer Garten daher! Fuchsschwanz und Gerste, Glatthafer, Honiggras, Kammgras und Rasenschmiele, und nachdrücklich bläut mir das Lexikon ein, dass wir vom Gras leben – alles kommt vom Gras, Weizen,

Roggen, Hafer, Gerste, aus Gras wird Brot und über ein paar Zwischenstufen schliesslich Filet bourguignon.

Aber darum geht es gar nicht. Wie lang ist der längste Grashalm in der Wiese? Kniehoch? Hüfthoch? Schulterhoch? Der längste Halm, den ich fand, war genau 178 Zentimeter lang. Natürlich kann der nicht alleine stehen. Die Wiese wird also sorgfältig so zusammengebaut, dass die längsten Halme – oben wiegen sich die Ähren – gestützt werden von kürzeren und die wieder von kürzeren, keiner kann allein, es muss ein einig Volk von Brüdern sein, weiter unten drängen sich kräftigere Halme, schmale Blätter mischen sich mit hinein, Kräuter und Unkräuter schaffen sich Platz – es herrscht ein unglaubliches Gedränge.

Natürlich muss die Wiese irgendwann mal geschnitten werden. Ich habe Warten gelernt, bis Gräser und Kräuter sich versamt haben – und bekomme ganz von selber eine richtige Blumenwiese. Nur eine Gasse halte ich kurz, um leichter auf die andere Seite zu kommen – sie ist gerade so breit wie ein Maschinengang. In dieser Gasse bildet sich saftiger, grüner Rasen, die Metergräser beugen sich lässig in die Lichtung.

Dann kommt der Mähmann, seit Jahren ein rituelles Vergnügen. Ich bestelle ihn, er fragt, ja, soll ich denn, obwohl er seit zehn Jahren soll, wer sollte denn sonst? Eines Abends – immer abends – höre ich dann den Traktor drüben, und bis ich mich dort eingefunden habe, sind schon die ersten Schwaden geschnitten. Dann wird besprochen, wie weit es in die Brombeeren gehen soll (wenn man sie lässt, ist bald keine Wiese mehr da), dann hole ich die Flasche mit dem Marc und zwei Gläser, freundliche Verlegenheit, wäre doch nicht nötig, also denn, und dann wollen wir mal wieder.

Die 178 Zentimeter werden kurz und klein gehäckselt, nach einer Stunde ist meine stolze Wiese kahl – und bleibt es für die nächsten Wochen, bis die ersten neuen Halme sich durchboxen. Einfach nicht schneiden? Das sieht am Ende genauso schäbig aus. Regelmässig schneiden? Ist nicht zu schaffen.

Mein Trost nach dem Kahlschlag ist mein sattgrüner Pfad, der nun frisch und elegant und sehr, sehr sichtbar durch die graue Filzmatte führt. Eben noch so, jetzt alles anders – wundert Sie, dass Gärtner Philosophen sind?

DER TIERGARTEN

Dauernd Tiergeschichten, und natürlich dauernd die Verlockung, sie auch zu erzählen. Der kleine Eichelhäher zum Beispiel, leicht erkennbar an den blauweiss gestreiften Flügelfederchen. Er wackelte bedenklich durchs Gras, liess sich willig aufnehmen, futterte mein Gehacktes, dann sass er wie der Vogel im Hanf in meinem Körbchen, bis Vater und Mutter ihn abholten. Ganz schön gross, diese Vögel. Sie sind scheu, aber nicht allzu scheu. Sie wohnen in einer Eiche am Gartenrand, ich höre sie seit zehn Jahren, sie kennen mich seit zehn Jahren. Der Kleine war eben flügge, aber so weit, wie er es sich gedacht hatte, reichte es doch noch nicht.

Und die Wasserhühner! Jetzt sind die Jungen schon ausgeflogen, aber gerade eben noch dackelten sie brav hinter ihrer Mutter her durch den Garten Richtung Teich, das Letzte beinelte wie wild durch die Wiese, als die anderen schon im Gebüsch verschwunden waren. Disney brauchte nicht viel zu erfinden. Aber dies hätte er doch erfinden müssen: Ich erzählte meiner Nachbarin von diesen Hühnern und erfuhr erstens, dass sie in der Pfanne nicht viel taugen, und zweitens, dass diese Familie sich geraume Zeit regelmässig morgens bei ihr einfand. Wenn sie ihre Hühner fütterte (aus dem Sack in einen Steintrog), frühstückten sie mit. Dann gingen ihre Hühner ans Eierlegen, und die Gäste machten sich wieder davon.

Und auf dem Teich die emsig herumhampelnden jungen Enten, und am Teichrand die stelzenden Fischreiher (da finde ich die silbrig glänzenden, leergefressenen Fischhüllen), und im Gestrüpp unter dem alten Nussbaum die Kuhle, in der offenbar die jungen Rehe übernachteten, und die Hornissen zur Abwechslung jetzt mal im Hausdach gleich über dem Badezimmerfenster, und die Maulwürfe baggern, als ob sie dafür bezahlt würden, und wer trampelt eigentlich wie ein Elefant in meinen Kürbissen herum und bricht mir die dicken Triebe an den Zucchetti ab? Den Feldhasen, der manchmal zwischen Haus und Scheune im Gras sitzt und sich putzt, haben wir Gisbert getauft, er hat sowas Germanisches.

Also langweilig ist es hier nie, für mich ist dieser Garten der reinste Tiergarten. Für die Tiere freilich ist es mehr eine Fluchtburg. Denn rundherum wird immer weiter vorangetrieben, was doch längst als verderblich erkannt wurde. Die Vielfelderwirtschaft ist so verschwunden, wie die Bauern verschwunden sind, hier gibt es nur noch Maschinisten, die morgens in ihren Traktor hinaufklettern und abends wieder herunter.

Die Ackerflächen werden immer grösser, immer noch werden Weidezäune weggerissen, Hecken, Sträucher, Büsche, Bäume mit Stumpf und Stiel gerodet. Im Winter sehe ich die mächtigen Mäusebussarde auf der nackten Erde sitzen, zu jagen gibt es nichts. Im Oktober wird der Mais geerntet, dann liegen die von den Herbiziden ausgebrannten Flächen, auf denen die Stoppeln faulen, bis in den April kahl, steril und leer. Wovon sollte da eine Maus, wovon ein Fuchs, wovon ein Kaninchen leben?

Da kommen sie halt in die Gärten, die hier zum Glück so gross sind, dass sich Hase und Igel nicht dauernd auf die Zehen treten, dass der Fuchs noch irgendwo einen Unterschlupf findet zwischen seinen Hühnerstallbesuchen, dass die Marder die geklauten Enteneier in Ruhe aufknacken und auslecken können.

Wir teilen uns das Vergnügen. Ich räume die Reste weg. Und lerne beiläufig ‹Brehms Tierleben› auswendig – wie schon beklagt.

MÜSSIGGANG

Gärten machen philosophisch. Im Schweisse deines Angesichts, wir erinnern uns (da ist zwar der Schweiss gar nicht, er ist vielmehr unter dem Hemd, da klebt immer alles), im Schweisse also träumen wir davon, wie schön es erst mal sein wird, wenn getan ist, was getan sein muss. Dann aber!

So weit vom Ziel sind wir ja gar nicht. Das Unkraut ist gehackt, die Hecke geschnitten, der Komposthaufen umgesetzt – ach ja, ich wollte doch noch! Also gut, auch das noch, und dann – dann ist der ersehnte Augenblick da. Die Sonne scheint, schon am frühen Nachmittag ist es herrlich warm an der Südseite des Hauses, jetzt muss nur noch ein Stuhl her (der ist natürlich grau vom Winterstaub), der Tisch mit der Steinplatte wäre auch praktisch – gewaschen ist das Zeug ja schnell. Wo sind die Gartentischdecken? Und was zum Trinken wäre gemütlich. So wurschtelt einer vor sich, und es sitzt wieder kein Ende dran. Aber man will es ja schliesslich auch gemütlich haben.

Endlich – es ist so weit. Behagen breitet sich aus. ‹Behagen›? Was heisst das eigentlich? Wo ist der

‹Kluge› (Etymologisches Wörterbuch der deutschen Sprache), der alles erklärt? Auch dieses Buch ist endlich gefunden, der Stuhl steht richtig, der Müssiggang kann seinen Anfang nehmen. Die Bienen summen. Die Enten haben unten auf dem Teich zu tun, es ist gemütlich! Wo das Wort ‹Behagen› herkommt, weiss Kluge nicht genau, es hat was mit ‹gefallen, passen› zu tun, es passt mir, das ist klar.

Wieso steht eigentlich der Pfahl so schief, der die junge Birke hält? Den habe ich doch selbst eingeschlagen? Das sieht ja zu dumm aus, als sei man nicht imstande, einen Pfahl sauber in die Erde zu kriegen. Also machen wir das schnell noch. Wo ist der dicke Hammer? Den finde ich nun wirklich sofort, Ordnung ist schön. Bevor ich den Pfahl neu einschlage, muss ich die Schnüre lösen – das heisst, ich muss sie aufschneiden. Also die Schere. Und wenn ich es nun schon einmal mache, will ich es richtig machen (sonst fängt man nächste Woche wieder an), also brauche ich auch die kleine Leiter. Also muss ich die Leiter holen. Dann muss ich das Stämmchen neu anbinden. Kokosschnur – wo ist die Kokosschnur, das ist doch so eine dicke Rolle!

Kurz und gut, es ist wie immer. Warum kann ich nicht endlich in der Sonne sitzen, die gemächlich, aber unaufhaltsam weiterwandert, lesen und das Nichtstun geniessen? Wen stört der schiefe Pfahl? Niemanden. Nur mich. Warum stört er mich? Auch ich bin das Opfer einer Erziehung, die uns mit Sprüchen durchs Leben trieb. Müssiggang ist aller Laster Anfang! Ohne Fleiss kein Preis! Arbeit ernährt, Müssiggang verzehrt! Müssig sein bringt nichts ein! Besser Flöhe gefangen als Müssiggegangen! Müssiggang bringt Untergang! Einen Müssigen mietet der Teufel!

Was haben wir eigentlich sonst noch gelernt? Das ist doch krank, oder?

DRACHENBLUT

Zwei Stunden Gartenarbeit, Handschuhe oder nicht, Hände eingecremt oder nicht, und über den Daumennägeln platzt die Haut. Tiefe Spalten bilden sich, bis aufs Blut, wie es sehr anschaulich heisst. Die dicken Hautlappen schichten sich an den Rändern hoch, die Wunden tun weh, sie heilen erst nach langen Tagen am Schreibtisch.

Wunder gehen schneller. Der Apotheker ist ein richtiger Landapotheker, er kennt das Problem, er versteht was von Schmieren und Salben. Sein Wunder ist eine kräftige, wie alter Weihnachtsbaum riechende Paste: «Remplir les crevasses, matin, midi et soir.»

Zwei Tage, die Schrunden sind zu. Und bleiben zu. Wie ist das möglich, nachdem all das andere Geschmier aus Büchsen und Tuben nicht half? Auf der Röhre steht, was drin ist. Natürlich französisch, wenn wir nun schon mal dort sind: Sang dragon, myrrhe, baume de tolu, benjoin, poix de bourgogne, thérébenthine de venise. Also Lexikonarbeit.

Sang dragon: Drachenblut, ein Harz der Palme *Calamus draco*. Jetzt eigentlich nur noch als Farbzusatz in Firnissen oder Zahnpulver gebraucht. Myrrhe: das Gummiharz des Balsambaums, das die Aegypter zum Einbalsamieren brauchten. Baume de tolu: Toluolbalsam. Toluol ($C_6H_5\text{-}CH_3$), das weiss ja jedes Kind, kommt zum Beispiel in leichtem Steinkohlenteer vor, aus dem es durch fraktionierte Destillation gewonnen wird.

Benjoin: Heisst bei uns Benzoë. Das ist das wohlriechende Harz des Benzoëbaums *(Styrax benzoin)*, das zu Heilzwecken und als Zusatz zu Räucherkerzen und Parfümerien dient. Sollten Sie übrigens je selber refraktionieren oder destillieren, nehmen Sie ja nicht etwa das vielfach verunreinigte Sumatrabenzoë! Die feine Sorte ist Siambenzoë – eine hellbraune, glänzende, durchscheinende Grundmasse mit eingebetteten, weissen, mandelförmigen Gebilden. Schliesslich gehören noch das wohlklingende Poix de Bourgogne zur Rezeptur – auf gut deutsch und ganz gefühlsroh einfach Pech – und das Thérébenthine de Venise, das von der Gemeinen Lärche im Südtirol gewonnene venezianische Terpentin, gelblich bis bräunlich, zähflüssig, das zu Salben, Pflastern, Siegellack, Harzseifen oder Kitt gebraucht wird, ein trüber, weisslich gelber, honigartiger, körniger Saft.

Dass das alles heftig klebt und kräftig riecht, ist schön, aber kein Wunder. Das Wunder ist: Wie jemand im Südtirol Lärchen anzapft, im Ruhrgebiet Steinkohle ausgräbt, in Siam erst das französische Wort Benjoin für Benzoë erfinden muss, im Burgund Pech hat und in Aegypten unter Palmen wandelt, nur um eine Salbe anzumischen, die ich mir auf die Daumenkuppen schmieren kann, um fürderhin schrundenfrei meinem höchst beiläufigen Gartenvergnügen nachgehen zu können.

Das ist der Luxus, der das Leben angenehm macht!

BLICK ZUM HIMMEL

Aus gegebenem Anlass an einem wohlgedeckten Frühstückstisch wieder einmal Ulrich Bräker gelesen. Dabei etwas gelangweilt die vierzehn Tage im Eisschrank gealterte – also nicht gealterte – Hochglanztomate zerschnitten. Sie schmeckte ein bisschen nach Papier, ein bisschen nach leicht aromatischem Wasser, ein bisschen, und nicht mal unangenehm, nach gar nichts.

Ulrich Bräker, der arme Mann im Toggenburg, erzählt in seiner Lebensgeschichte von der grossen Hungersnot, die in den siebziger Jahren des 18. Jahrhunderts in weiten Teilen Europas ausbrach. Dem kalten und langen Winter 1769/70 folgte ein nasser Sommer mit einer sehr kargen Ernte. Das Brotgetreide wurde knapp, Kartoffeln gab es noch nicht. Skrupellose Händler, Bäcker und Müller nutzten die Lage schamlos aus. Dann kam der Winter 1770/71, «der schauervollste Winter», den Bräker erlebte und überlebte. Er musste Geld aufnehmen – er bekam es immerhin –, an dem er jahrelang zurückzuzahlen hatte. Anderen ging es nicht so gut. Sie assen Wurzeln und Gräser, Pferde- und Katzenfleisch. Epidemien brachen aus, viele starben. Auch Bräker verlor 1772 zwei seiner fünf Kinder an die ‹rote Ruhr›. In Basel stiegen, lese ich an anderer Stelle, die Getreidepreise zwischen 1766 und 1770 um 250%, im Appenzell gar um 600 bis 700%.

Dieses Jahr 1998 ist auch nicht so gut. Meine Nachbarin, die zum guten Teil aus ihrem Gemüsegarten lebt, ist unzufrieden. Obst ist überhaupt nicht zu sehen. Ihr Salat ist dünnblätterig und lappig, an den Bohnen sitzt nicht viel, sie sind auch klein und hart, mit den Erbsen will es schon gerade gar nicht gehen. Und von Tomaten wollen wir gar nicht reden. Nicht nur das Wasser fehlte bis jetzt, die Pflanzen mögen auch die abrupten Wettersprünge nicht, da hilft alles Beten nicht.

Ich könnte ihr ja leicht als Geschenk ein paar Kilo Tomaten aus einem Laden mitbringen, aber die kann sie sich auch selber holen, das ist nicht das Problem. Sie lebt nicht von irgendwelchen Tomaten, mit denen sie nie etwas zu tun hatte, sie lebt von Tomaten aus ihrem Garten.

Wenn es ein Problem gibt, dann höchstens, dass wir jedes Gefühl dafür verloren haben, was frühmorgens – schon wieder – der sorgenvolle Blick zum

Himmel hiess, was das Bohren mit dem Absatz im steinharten Ackerboden bedeutete. Wir sind abgenabelt von allem, was uns Leben gibt – und was das Absurdeste ist: Wir nehmen es nicht einmal wahr und haben keine Ahnung mehr, was es bedeuten könnte.

DRAHT

Eine Sense zu dengeln, braucht Geduld und Zeit. Auf dem Bauernhof, wohin ich als Kind in die Ferien geschickt wurde, war Dengeln Sache des Grossvaters. In der Erntezeit hörte man ihn den ganzen Tag. Das unverwechselbare, gleichmässige Klopfen des Dengelhammers kannte ich schon, bevor ich überhaupt wusste, was ich hörte. Später schaute ich zu. Mit einem Schlüssel wird die Klammer gelöst, jetzt kann man das Sensenblatt vom Sensenbaum nehmen. Am Ende einer massiven kleinen Holzbank, auf die man sich rittlings setzt, steckt ein kleiner Amboss. Über den Amboss wird mit endloser Geduld die Schneide des Sensenblatts hin- und hergeführt, bis der Dengelhammer sie so dünn ausgetrieben hat, dass sie beim Abziehen mit dem Wetzstein rasiermesserscharf wird.

Wer einen Grasmäher hat, braucht die Sense selten. Wer einen Stromliniengarten hat, braucht sie vermutlich nie. Bei mir gibt es diese dummen Ecken und Winkel, in die man mit der Maschine nicht hineinkommt. Unter Büschen, an Schrägen, am Fuss von Mauern (wo sich die Brennnesseln am liebsten aufhalten). Die Sense ist zum Nachputzen unentbehrlich.

Das ausgetriebene dünne Metall des Blatts legt sich beim Schneiden um, dann ist es stumpf. Deswegen muss man beim Mähen die Schneide alle Naselang abziehen. Der Wetzstein spant die umgebogene Kante ab, dann ‹haut› die Sense wieder. Und wenn der ausgetriebene Metallrand abgebraucht ist, geht es wieder von vorn los.

Manchmal freilich auch schon früher. Zum Beispiel dann, wenn ich mit einer sauber gedengelten Sense in Bereiche vordringe, die nicht mehr urbar sind. Das Gras ist kniehoch, ich muss Kraft aufwenden, die Schwaden, die fallen, sind klein, aber jeder Sensenhieb ist ein Genuss. Dann kreischt es plötzlich ekelhaft – und den Rest der Geschichte muss ich gar nicht mehr schreiben.

Ich hätte es ja wissen müssen. Die Meter verrosteten Drahts, die ich in diesem Garten abgeschnitten, aus der Erde gezogen, ausgegraben, aufgewickelt, mit der Drahtzange klein geschnitten habe, gehen auf keine Kuhhaut. Wenn beim Bauern was wackelte, umkippte, nicht mehr hielt, immer aufging, nicht mehr zuging, Drähte. Es gibt ganze archäologische Tiefenschichten – das Zeug hält ewig. Sensen leider nicht.

Wer kommt dengeln?

TAUBE AUF DEM DACH

Ich bin ein Taubenmörder! Im eben verflossenen Frühjahr begann eine Wildtaube im offenen Dachgebälk mitten über der Tür, die aus dem Haus in den Garten führt, ihr Nest zu bauen. Ich erkannte das zwar als Zeichen der Zuneigung, aber es gefiel mir nicht. Seit Jahren putze ich geduldig vor der Niederlassung die weissen Kotflecken von der Bank an der Hauswand. Ich wollte aber nicht auch noch selber zur Zielscheibe künftiger Nestbewohner werden. Ich holte also die Leiter und beschlagnahmte das halbfertige Nest. Nebenbei bemerkt: Ziemlich schlampig angelegt, keine Schweizer Taube!

Die Taube war hartnäckig. Am nächsten Tag war sie schon wieder fleissig – diesmal genau an der Hausecke. Das war o.k., und ein viel schönerer Platz dazu. Immer noch Westwand, von Norden geschützt durch eine Kletterhortensie (die weiter oben langsam anfängt, das Dach abzudecken). Die Taube unterhielt ein nicht ganz entspanntes, aber aufmerksam-freundliches Verhältnis zu mir. Wenn ich mich nur langsam genug bewegte, blieb sie auf ihren Eiern sitzen, rührte ich mich zu heftig und dachte nicht an sie, strich sie schwirrend ab in die nächsten Bäume.

In schönen Sternennächten gehe ich gern an der Hauswand spazieren. Fünfzehn Schritte nach Süden, fünfzehn nach Norden. Von der Nordecke aus sehe ich über der Dachkante den Polarstern. Da raschelt es laut und zum Greifen nahe neben mir im dichten Blattwerk. Gänsehaut natürlich. Dann muss ich über mich selber lachen. Es hatte sich angehört, als kröche die Taube in der Kletterhortensie herum.

Am nächsten Morgen fand ich, wo ich nachts gestanden hatte, einen Flügel mit völlig verbissenen Federn. Ich holte die Leiter. Im Nest lagen drei aufgebissene, leere Eier.

Die Geschichte schrieb sich von selber. Die Kletterhortensie klettert nicht nur, sie bietet auch Gelegenheit zum Klettern. Dass es Marder gibt, war mir schon lange klar, leere Hühnereier hatte ich schon öfter gefunden. Darüber hinaus hatte ich nicht gedacht.

Die Taube war klüger gewesen als ich. Der Platz über der Tür war absolut sicher. Dann resignierte sie, dachte wahrscheinlich, der weiss auch alles besser, zog um – und wurde aufgefressen.

Die Moral von der Geschicht? Ich weiss nicht recht, sie geht mir einfach immer wieder im Kopf herum. Drüben bei der Nachbarin gibt es oft Taubenbraten. Was ist eigentlich der Unterschied?

ALLES VERGESSEN

Am liebsten lag Käthchen draussen am zerfallenen Mauerring, «Wo in süssduftenden Holunderbüschen ein Zeisig zwitschernd sich das Nest gebaut». Warum? Das schien so selbstverständlich, dass ich noch nie einen Gedanken an diese Frage verschwendet hatte.

Erst kürzlich, als eine aufmerksame Besucherin bemängelte, dass mein einer und einziger Holunderstrauch im Garten doch etwas arg lieblos eingequetscht zwischen einer immer mächtiger sich darstellenden Wildrose und einem malerisch verkrüppelten Apfelbuschstrauchbaum nach Luft und Licht suchte, wurde dem Holderbusch wirkliche Aufmerksamkeit zuteil. Und mit der Neugier, die sich mit Hilfe der Besucherin schnell befriedigen liess, wurde auch klar, weshalb Kleists Käthchen am liebsten unter dem Holunderstrauch liegt.

Denn was Heinrich von Kleist über den Holunderstrauch noch wusste, haben wir längst vergessen. Unvergessen ist Grossmutters Holundersaft, den wir als Kinder zu trinken bekamen, wenn wir mit Erkältung zu Bette lagen – schweisstreibend war das Zeug! Aber dass der Holunder in hohem Masse magische Kräfte besitzt, das wissen wir nicht mehr.

Kleist stellte sein Käthchen von Heilbronn (sie wusste ja gar nichts davon) ganz unter den Schutz der Natur. Er wusste, dass Holunder für die Alten nicht nur eine vollständige Hausapotheke war – das kann man ja in jedem Chemielabor nachvollziehen –, er wusste auch, dass vor Schlangen, Mücken und Verzauberung geschützt ist, wer in seinem Schatten schläft. Unser liebes Käthchen also. Denn die Frau Holder oder, wie sie anderwärts auch heisst, Frau Ahlhorn, der Kleist sie anvertraute, beschützt sie.

Früher pflanzten die Bauern Holunder vor die

Viehställe, denn auch da schützte er vor Feuer und
Seuchen, vor allem Bösen. Und früher wurden unter
dem Holderstrauch im Hofraum des Bauerngehöfts
abgeschnittene Haare und ausgefallene Zähne vergraben,
dann konnte niemand mehr Missbrauch damit
treiben, zum Beispiel durch Anhexen von Kopfweh
oder Zahnschmerz.

Heute sagen wir ohne eine Spur von Gänsehaut
Sambucus nigra. Oft wächst er in ganzen Kolonien an
Bahndämmen. Und erzeugt Gänsehaut auf andere
Weise. Was ich einmal vor Rheinfelden oben an SBB-
Beeren kühn, von Zug-Luft umbraust, erntete –
immerhin zwei grosse Eimer voll für eine wunderbare
Menge Saft –, durfte ich nach hochnotpeinlicher
Befragung (Woher?) bei Androhung schwerer Sanktionen
nicht über die Schwelle bringen. Weshalb? Na
ja, Bahntoilette – alles verweht und so.

Ob der Zeisig gleichwohl auch dort zwitschernd
sein Nest baut?

FÜLLER

Seit ein paar Jahren steht ungenutzt ein neuer Riesentopf
im Schopf, ein kniehoher Tonkübel. Er gehört
zu einer Reihe von Pflanzengefässen, die Wirklichkeit
aus einem Bild in meinem Kopf machen sollten.
Dieses Bild kennt jeder: Die vor den Häusern dicht
gestellten Reihen von Töpfen und alten Blecheimern,
wie es gerade kommt, voll mit blühenden Begonien,
Geranien, Petunien oder bepflanzt mit Rosmarin (der
jetzt gerade seine wunderhübschen zartblauen Blüten
treibt) und Salbei und Lavendel, und noch ein
kleiner mit Schnittlauch.

Von alledem habe ich viel gewissermassen fest in
der ‹terra firma› installiert, da ist der Wasserhaushalt
besser. Was ich brauchte, war ein Platz für meine

Semperviven, meine Hauswurze. Da war zuerst eine geschenkte Rosette, und dann – Sie kennen die Schachbrettgeschichte (1, 2, 4, 8, 16, 32 etc.)! Inzwischen könnte ich einen Hauswurzversand gründen. Die Töpfe, die sie füllen, an denen sie wundervoll leicht und luftig herunterwachsen, sind so tonfarben wie jeder anständige Blumentopf, sie passen mir. Aber dieser eine Querläufer hat eine Farbe, die gar nicht recht beschreibbar ist, sowas zwischen Hühnermist und faulem Ei.

Werfen Sie alles weg, was Sie zwei Jahre nicht mehr gebraucht haben! Die gute Regel für ein Leben ohne Ballast war mir doch zu hart. Der Topf kann nichts dafür und billig war er auch nicht. Jetzt habe ich ihn reumütig aus seinem Verlies geholt und zum neuerlichen Ausprobieren erst einmal leer hingestellt.

Und dann mein Vergnügen. Ich blättere in einem Gartenbuch von Jürgen Dahl (Einmal Dahl, immer Dahl), und was sehe ich? Die Buchmacher müssen heimlich bei mir fotografiert haben! ‹Semperviven in Topfpyramiden› – rissige, blätternde, rauh verwitterte Tontöpfe, einfach die grössten möglichen Blumentöpfe, und noch was Kürbisförmiges dazu – und was wächst und drängt sich Rand an Rand vergnügt darin? Hauswurze. Das spottet jeder Beschreibung! Ich war richtig stolz! Und jetzt geniert mich mein falscher Topf umso mehr. Ich werde die alten Töpfe so geschickt um den neuen herumbauen müssen, dass er seine Dienste unsichtbar leisten kann.

Das Verrückte an diesen Dickblättern ist: Ich kenne nichts ausser Gras, was weniger Arbeit macht. Nein, sogar Gras macht mehr Arbeit. Setzen Sie sich mal irgendwo einen Hauswurz hin. Aber reservieren Sie sich gleich mit Nachdruck einen eigenen Platz – sonst stehen Sie bald im eigenen Garten in der Fremde!

Weil das Dickblatt den Blitzschlag fernhalten soll, heisst es hier und da auch Donnerkraut. Bei Brandwunden, Geschwüren, Bienenstichen leistet es überall gute Dienste (sagt mein alter ‹Schmeil›).

PERGOLA

‹Pergola› heisst, wie einfach, Vorbau oder Laubengang. Wir haben das Wort von den Italienern, die haben es aus dem Lateinischen. Da gehört es zu den Tätigkeitswörtern ‹pergere› und ‹regere› – das erste heisst vordringen, fortsetzen, das andere richten, lenken, leiten. Aha! Das ist also die Holzkonstruktion, an der sich Pflanzen emporranken.

Ich hatte die denkbar einfachste Pergola. Deswegen hielt sie auch nur vier Jahre. Von einem nutzlosen kleinen Anbau wurden Süd- und Westseite abgerissen, Nordwand und Ostwand bildeten eine bergende Nische. Ein paar alte Balken stützten neu den Dachstuhl, die Ziegel kamen runter, Pfetten und Latten blieben oben, ein paar Bambusmatten drüber, die gaben Schatten, fertig war die Laube. Weinreben rankten sich schnell über die Dachfläche, eine Clematis plusterte sich von Jahr zu Jahr mehr auf, im April war sie ein zartes Versprechen, im Mai ein blaues Wunder. Im Juni war die Pergola ein Trümmerhaufen.

Das Holz, ungeschützt der Witterung preisgegeben, war so weit durchgefault, dass es nicht mal mehr sein eigenes Gewicht tragen konnte. Ein Haufen modriger Schutt lag da, es sah ziemlich hässlich aus. Daran änderte auch die Clematis nichts und die Weinrebe sowieso nicht, die hatte es am schlimmsten erwischt.

Also wieder mal aufräumen. Grünzeug und Trümmer vorsichtig auseinander beinen. Und wieder ein kleines Gartenfeuer. Und wieder zum Zimmermann. Und Holz bestellt. Und diesmal verzinkte Jesusnägel (ja, so heissen die ganz langen). Und zwei Rollen Bambusmatte. Und dieses lichtbeständige Plastiktuch mit eingewebtem Verstärkungsfaden, denn jetzt soll das Holz trocken bleiben, und wer bei Regen drinsitzt auch. Dieses Mal machen wir Nägel mit Köpfen. Und haben davon den krummen Buckel und was für Werkzeug man wieder herumschleppt! Aber so ist das, auch wer nur ‹Hänschen klein› spielt, braucht ein ganzes Klavier!

Jetzt steht sie neu. So schön wie nie. Die Clematis hat gute Miene zum bösen Spiel gemacht, sie treibt wie wild. Sie hat was missverstanden, man wird mit ihr verhandeln müssen. Eigentlich ist die Pergola ein Sitzplatz und kein Clematistopf. Die Abende gegen Westen sind golden, um halb zehn geht die Sonne unter. Manchmal regnet es, das ist schön!

PS: Ja, ja, es tropft, dummerweise genau in der Mitte, aber wirklich nur ein ganz kleines bisschen!

ALSO JA!

Es gibt diesen Teich, der in dieser Gegend zu jedem Bauernhaus gehört. Er kostet nichts, er kommt von selbst. Die Schwarzerde, also der humose Boden, die Krume ist an den dünnen Stellen gerade ein gutes Spatenblatt, an bevorzugteren Orten vielleicht doppelt so tief, aber nie mehr. Wer tiefer gräbt, gerät in schweren, tonigen Lehm, und noch ein bisschen weiter unten ist es fast reiner Ton. Er schillert feuchtblau und grün und rostrot, wenn man ihn aushebt. Man könnte seine eigenen Ziegelsteine daraus brennen. Das Regenwasser kann nur sehr langsam einziehen, lieber wandert es dem Gefälle nach und sammelt sich an den tiefen Stellen. Umgekehrt steigt auch das Tiefenwasser nur ganz langsam empor. Vier Jahre lang habe ich Rittersporn versucht, vier Jahre erntete ich Stroh, wenn es im Sommer vierzehn Tage nicht regnete, jetzt habe ich es begriffen. Nur Tiefwurzelndes wächst.

Der Teich ist klein, natürlich, aber er hat eine Insel. Wir haben ihn ausgeräumt und saubergebaggert. Jetzt quaken die Frösche, Reiher fischen, an den freien Rändern wachsen schnell und sattgrün die Erlenbüsche und im Wasser die Rohrkolben, meterhoch. Ich sehe schon, zwei Jahre, und der Teich ist wieder zu.

Über meinen Schreibtisch weg sehe ich in den Garten. Vor der Scheune drüben kommt ein Erpel ins Bild. Marschrichtung Teich. Er eilt nicht, er watschelt. Aber nicht so richtig urgemütlich, irgendwie ist Druck drauf. Er verschwindet am linken Bildrand. Jetzt erscheint rechts, in respektvollem Abstand vom Hausherrn, Madame Ente, bescheiden braun und klein. Auch sie hat es diese Nuance eiliger, man kann es gar nicht beschreiben, es ist wie im Theater. Was ist los? Jetzt ist das Bild wieder leer. Dann erscheint des Rätsels Lösung. Eine schwarze Katze. Erkennbar neugierig.

Na also. Die Enten hatten nicht gerade Angst, aber die Katze war ihnen nicht geheuer. Eine Katze jagt keine Enten, wo käme sie hin! Aber neugierig war sie. Es war ein Cartoon. So was muss Carl Barx gesehen haben, bevor er Donald und Daisy Duck erfinden konnte.

Die Enten nisten übrigens auf der Insel im Teich, unsichtbar und vor Katzen ganz sicher – welche Katze geht freiwillig ins Wasser! Manchmal drehen sie gemächlich eine kleine Runde – sieben oder acht winzige, piepsende Federkugeln paddeln um sie herum. Die haben noch nie eine Katze gesehen!

HOPFEN UND MALZ

‹Hochstammrosen, Holländern, Humus›. Alphabet immer schlecht, aber wenn es Hopfen gäbe, müsste er doch irgendwo zwischen ‹hoc› und ‹hum› zu finden sein? Das nächste Gartenbuch: «Gärten naturnah gestalten». Da kann ich nur lachen, das lasse ich die Natur doch glatt selber machen. Auch in diesem Buch kommt Hopfen nicht vor. Ist wohl nicht naturnah genug. Dann Ulrich Timm, «Die neuen Teiche, Bäche, Pools». Timm, ein guter Mann! Aber Teiche und Pools haben mit Hopfen nichts zu tun. Dafür kommt bei Timm was über Enten vor, die will er nicht in seinen Teichen haben, dafür habe ich sie – aber nicht diesmal, denn Hopfen ist das Thema!

«Gartenpracht in Töpfen und Kübeln» von Elisabeth de Lestrieux – Vorwort von Jürgen Dahl («Mein erster eigener Garten war eine Fensterbank...»). Schalen, Töpfe, Kübel, wundervoll. Aber eben leider nur, wenn man fast immer da ist – oder seinen eigenen Obergärtner hat. Hopfen hingegen macht alles selber!

Vor Jahren suchte Feldschlösschen für Versuche mit Hopfenanbau im Aargau unternehmungslustige Landwirte in der Rheinfelder Gegend. Ergebnis Null, niemand wollte. Die Bierbrauer sollten mich mal fragen!

Er kam vor zwei Jahren. Erst blieb ich neben der Scheune mit den Füssen wie in Fussangeln hängen. Sattgrünes, kräftiges Laub bildete am Grasrand kräftige Hügel, rauhe, kratzbürstige, zähe Triebe krochen am Boden entlang. Was ist das nun schon wieder? Durch die Luft zugereist, war vorher nie da, jetzt aber sehr. Ich kannte das von irgendwoher! Hopfen!

Ich trieb einen kräftigen Holzpflock in die Erde, von da zur Dachkante (um einen dicken Nagel) ein paar Kokosschnüre hochgewickelt, ein paar Triebe vom Boden aufgenommen und ihnen den neuen Weg gezeigt.

Ein paar Wochen später waren sie oben. Zwischen Erdboden und Dachkante bewegte sich eine bauchige, grüne Ampel anmutig im Wind. Im Herbst machte er sich dünn, dann wurde er braun. Und im Winter war ich oben, fünf Meter hoch auf der Leiter, und flickte die Dachecke. Da hatte Herr Hopfen freundlicherweise keinen Ziegel auf dem anderen gelassen. Im Frühjahr war er pünktlich wieder da. Und jetzt benimmt er sich schon, als sei ich hier der Gast, breitet sich aus wie die Wasserpest. Wo ich hintrete, schlängelt sich was aus Hopfen um mich herum.

Da soll man dann auch noch nett bleiben!

FLIEGENDE BESUCHER

Die ganze Woche das schönste Sommerwetter, am Sonntagmorgen Regen. Ein sanfter, aber nachdrücklicher Regen, es ist fast windstill. Wie schön. Es rauscht leise in den Bäumen, in den Dachrinnen gluckert das Wasser, die Blumen lassen die Köpfe hängen, und eigentlich wollte ich heute die Rosen spritzen. Daraus wird nun nichts, die Blattläuse, die zum Weltuntergang ausriefen, haben eine Galgenfrist. Ausserdem sitzt irgendwas in den Koniferen. Ich suche Unterrichtung in meinem alten Gartenlexikon und bekomme erst mal rote Ohren: «Koniferen, schlechte Eindeutschung aus Coniferae, dafür besser das gute deutsche Wort Nadelhölzer.» Also gut, was ist mit meinen Nadelhölzern? Immer neue Zweigstücke werden gelb, die Nadeln fallen ab. Der Gärtner sagt bedeutungsschwer «Coryneum» und empfiehlt Spritzbrühe. Langsam sieht meine Gartenbude aus wie ein Chemielabor! Aber gut, heute nicht.

Ich wollte von Kürbis und Zucchetti erzählen, die

um die Wette wachsen. Und davon, wie wunderschön zitronengelb die grossen Blüten aussehen. Doch erstens kommt es anders und zweitens als man denkt. Neben meiner Schreibecke ist die Doppeltüre zum Garten. Da flattert und schwirrt was hinter meinem Rücken, hinüber in die andere Zimmerecke, meine Augen suchen, finden eine Schwalbe, die sich offenbar für Radios und Fernsehgeräte interessiert. Und schwupp ist sie wieder draussen. Stippvisite. Nach zwei Minuten ist wieder eine da, wieder in die gleiche Ecke, wieder Kurzaufenthalt, dann raus. Nun wird es interessant. Und richtig, es dauert nicht lange und da ist die dritte. Oder dieselbe? Die sehen sich ja alle furchtbar ähnlich.

Es muss jedes Mal eine andere gewesen sein. Die erste erzählte es der zweiten, die der dritten: «Sowas hast du noch nicht gesehen, da musst du hin!» Dass Schwalben sich für Unterhaltungselektronik interessieren, war mir neu. «Viele von ihnen nehmen im Hause des Menschen Herberge», weiss Brehm zu berichten, und die Rauchschwalbe, um die es sich hier zweifellos handelt, schildert er als ausserordentlich flinken, kühnen, munteren, netten Vogel, welcher immer schmuck aussieht: «Mit grosser Geschicklichkeit fliegt sie durch enge Öffnungen, ohne anzustossen.» Wusste er, dass sie ziemlich neugierig ist?

Es regnet immer noch. Die Erde wird nass.

ZEIT

Über Zeit zu schreiben ist, fürchte ich, nicht sehr originell. Aber wenn einen der Schuh drückt, ist es eigentlich ziemlich gleichgültig, wie viele der Schuh schon früher gedrückt hat!

Gartenzeit ist noch schlimmer als andere Zeit. Wenn man nach vorne schaut, ist es, als wenn man durch ein umgedrehtes Fernglas schaut. Alles da vorne ist unendlich weit entfernt, ganz unwirklich. Wenn man rückwärts schaut, ist es genau umgekehrt. Fernglas mit zwölffacher Vergrösserung.

Wer es noch nicht gemerkt hat, ich rede von meinen Tomaten. Und die haben wieder mit meinen Dahlien zu tun, die mir ja, wie alle Welt weiss, vor zwei Jahren fast alle erfroren sind. Weil nun die paar übrig gebliebenen Exemplare gerade noch zwei kleine Reihen füllen, war vorne Platz für etwas anderes. Für Tomaten eben. Übrigens, mit den erfrorenen Dahlien ist es wirklich komisch. Die Überlebenden haben immer noch nicht, jetzt, im zweiten Sommer nach dem Frost, ihre alte Wüchsigkeit zurückgewonnen. Sie sehen gut aus, die ersten Knospen zeigen Farbe. Aber wo die wuchtigen Büsche früher mannshoch standen, reichen sie schmal und bescheiden knapp übers Knie.

Von Tomaten war die Rede. Eben noch die Jungpflanzen in den üblichen schwarzen Kunststofftöpfen. Alte Besenstiele als Stützen. Das angerottete Gras zum Abdecken des Wurzelbereichs – es war schon wieder zu trocken. Seitentriebe ausgeizen, Hauptstämmchen hochbinden, ausgeizen, hochbinden. Die ersten Blüten, die ersten Fruchansätze.

Der Schock! Eben gepflanzt – schon rote Tomaten. Das kann doch nicht sein! Der Sommer schon vorbei? Rückwärts sehen, und jeder Abstand schmilzt auf Null zusammen. Das Gerstenfeld drüben auch schon abgeräumt, nur das Stroh noch da, zu riesigen Walzen gedreht! Wie lange ist das denn her? Gerade noch die letzten Nachtfröste, und schon wieder welke Blätter. Die Frühlingsblüher schon gar nicht mehr zu finden, winzig, eingezogen kümmern sie dahin, alles, was uns von den Wüsten erzählt wird, haben wir ja auch, nur nicht so laut, nicht so greifbar. Wer hat schon Schlüsselblumen im Sommer gesehen? Ich meine nicht etwa die Blüten, ich meine die Pflanzen.

Die Ernte bescherte eine Schwemme, vierzehn Tage lang Tomaten, gekocht, gebacken, püriert, roh, bis sie einem aus den Ohren kommen. Jetzt sind die Tomatenstöcke gelb, ärmlich und verhungert. Dahinter kichern die Dahlien, ich höre sie lästern: Jaja, erst das Maul aufreissen, dann den Schirm zumachen. Jetzt sind sie dran. Reduzierter Betrieb, wie gesagt, aber guter Dinge.

Ich schaue nach vorn – da sehe ich ja fast nichts. Ich schaue rückwärts – komprimierte Vergangenheit. Zeit – schnurrt zusammen wie ein gedehntes Gummiband, das man loslässt. Es schnappt, und sogar das stimmt in dem Bild: Wenn man Glück hat, bekommt man auch noch scharf und brennend eins auf die Finger.

Hälfte des Lebens

Mit gelben Birnen hänget
Und voll mit wilden Rosen
Das Land in den See,
Ihr holden Schwäne,
Und trunken von Küssen
Tunkt ihr das Haupt
Ins heilignüchterne Wasser.

Weh mir, wo nehm ich, wenn
Es Winter ist, die Blumen, und wo
Den Sonnenschein,
Und Schatten der Erde?
Die Mauern stehen
Sprachlos und kalt, im Winde
Klirren die Fahnen.

Friedrich Hölderlin, 1770–1843

DER ZAUN

Es ist so: auf dreieinhalb Seiten ist das nahezu quadratische Grundstück von Bäumen und Buschwerk umschlossen. Das ist auch gut so. Die halbe Südseite ist offen – und genau da gleitet der Blick nicht sanft ins Weite, er saust gewissermassen heftig ins Leere. Das angrenzende, sehr weitläufige Stück Ackerland ist nämlich gänzlich ungegliedert, langweilig platt und glatt und bietet dem Auge keinen Haltepunkt, gar nichts.

Jeder Gartengestalter kennt solche Probleme – was wäre er, wenn er da nicht Abhilfe zu schaffen wüsste? Die Kunst müsste sein, diese Seite gleichzeitig zu schliessen und offen zu lassen. Der Zufall half mir. Ganz in der Nähe war eine stillgelegte Baumschule. Da standen immer noch und mittlerweile recht stattlich und schön durcheinander ein paar ganz aufgerissene Reihen Wacholder *(Juniperus communis)* und Scheinzypressen – die heissen übrigens *Chamaecyparis columnaris*, weil sie wirklich richtig schöne Säulen bilden. Von Mal zu Mal suchten sich die Käufer die schönsten Exemplare aus, stehen blieben dann mal zwei beieinander, mal fünf, dann eine, dann wieder gar nichts – es sah toll aus, reine Natur, kann man gar nicht erfinden.

Ich kupferte ab. Ich machte ein paar Fotos und zeichnete für meine vierzig Meter einen genauen Pflanzplan nach diesem Muster. Im Herbst setzte der Gärtner die Nadelhölzer genau nach diesem Plan. Und schon mit den brusthohen Jungpflanzen sah es so aus, wie ich es erhofft hatte.

Leider nicht lange. Im März kamen die Rehe, schauten sich um und bedankten sich herzlich für die schöne Gelegenheit, den Bast von ihrem neuen Gehörn zu fegen. Was übrig blieb? Die Hälfte der Pflanzen erinnerte (ich übertreibe nur ein ganz klein wenig) an Besenstiele mit grünen Quasten an der Spitze. Die Zweige darunter waren glatt abgescheuert, die Rinde an den Stämmchen hing in strähnigen Fetzen herunter. So wird man zum Tierliebhaber!

Selbst der schlechteste Rechner wäre zum selben Ergebnis gekommen: Neu und immer wieder neu pflanzen, bis die gehörnten Damen und Herren sich vielleicht anderwärts umtäten oder der nächsten wilden Jagd zum Opfer fielen, das wäre wohl ein zu aufwändiges Vergnügen geworden. Da ist ein Weidezaun billiger.

So kam es, dass ich am Ende auch noch Besitzer eines elektrischen Weidezauns wurde. Mit einer dicken Rolle Draht, mit einer kleinen Batterie, mit einem Kondensator, der Schläge austeilt, die ihre zehntausend Volt wert sind. Ausprobieren wollte ich das lieber nicht, aber irgendwie dumm kam ich mir ja schon vor – ich musste der Apparatur einfach glauben. Sie piepst in Sekundenintervallen, jedesmal glimmt ein Lämpchen auf.

Weil aber nun wieder einmal die Zeit der kurzen Hosen angebrochen ist, kam ich doch noch zu meinem Test. Beim Grasschneiden in der Pflanzung und rundherum. Ich vergass den Draht nur einen Augenblick – schon zischte es in einer Kniekehle. Das Ding funktioniert, und wie! Mein lieber Mann! Wenn ich ein Reh wäre, mir könnte ein ganzer Wald gestohlen bleiben!

RUEDI

Er kommt immer spät in diesen schönen Frühherbstnächten, wenn es schon dunkel ist. Auf dem Gartentisch steht die Leselampe, um die herum flattern und schwirren die Insekten – grosse, taumelnde Nachtfalter und winzige, schwarze, namenlose Tierchen, die zu hunderten liegen bleiben. Nur wo der Lampenfuss stand, ist es am nächsten Morgen immer ganz sauber.

Ruedi kommt natürlich nie an den Tisch, er bleibt in respektvollem Abstand, er ist scheu. Dafür ist er freilich auch nicht so verpennt wie seine Artgenossin in ‹Alice im Wunderland›. Da sitzt die Haselmaus ja zwischen dem seufzenden Hutmacher und dem März-Hasen (der seine nachgehende Uhr in den Tee taucht) und schläft die ganze Zeit. Aber Ruedi ist munter. Wir hören sein rasches Trippeln, wenn er endlich da angekommen ist, wo er am liebsten hingeht: ins Dach.

Das Dach hat einen drei Dachziegellängen breiten Überhang. Von da aus weiter hinauf ist es hoffentlich dicht! Auf den Sparren unter den Dachziegeln liegt Teerpappe. Vielleicht sind die Hohlräume zwischen Ziegeln und Dachpappe für Ruedi Spielplatz oder Spazierweg, wir streiten uns darüber. Ich glaube ja eher, dass Ruedi sein Winterquartier sucht, es ist die Zeit. Dachpappe ist zwar als Bett ziemlich vulgär, aber Ruedi sieht das anders, es muss vor allem trocken sein, warm hat er selber.

Erst haben wir ihn nur gehört. Dann haben wir ihn dabei ertappt, dass er uns zuschaut. Er sitzt klein und niedlich in seinem samtigen Fell in einer Ecke über uns, wo die Traghölzer der Pergola zusammenkommen. Im Licht der Taschenlampe blitzen seine Augen rubinrot auf, aber er bewegt sich nicht. Dann saust er unters Dach, zehn Meter Trippeln bis ans andere Ende, und da wartet er wieder, bis er vom Licht der Taschenlampe gefunden wird. Das kann man so weitertreiben.

Die Pergola ist natürlich die allerbequemste neue Brücke. Haselmäuse, lese ich, wohnen gern in Büschen und Sträuchern. Hier ist es ein grosser Schlehdorn (an dem jetzt dicht die tiefblauen Beeren hängen). Von da geht es leicht auf das Pergoladach – die ersten Kletterrosentriebe sind gerade oben angekommen – und links oben einfach um die Ecke.

Alles was klein, weich und niedlich ist, muss gestreichelt und gefüttert werden. Ruedi streicheln ist schwierig. Aber Kekse frisst er, sogar schokoladenbeschichtete. Der Hausherr zieht sich natürlich Zorn zu, wenn er in aller Demut anmerkt, dass Haselmäuse eigentlich nicht ins Dach gehören, weil sie – wie alle Nager – Schaden stiften.

Daran ist nichts zu ändern, es herrscht das Prinzip des kleineren Übels. Friede ist das höchste Gut, Löcher in der Dachisolation sind das kleinere Übel. Alles könnte so einfach sein. Wenn man ihm nur «Dach nicht!» beibringen könnte! Klar, man kann zu Ruedi reden. Aber nicht *mit* ihm. Er weiss vermutlich nicht einmal, dass er Ruedi heisst.

WURZEL AUS GRÜN HOCH GELB

Jeder kennt die lang aufstrebenden kratzenden Halme mit den fein gesägten, langen, schmalen Blättern. Bis auf gut anderthalb Meter Höhe bilden sie bis in den Spätsommer hinein dichte grüne Büsche, dann treiben sie ihre Blütenstengel bis über zwei Meter hoch – wie gemacht für Schnittblumen: *Rudbeckia*. Wunderschöne zitronengelbe, vielstrahlige Sterne mit hellbraunem Blütenboden - in jedem Staudenkatalog.

Diese Geschichte steht nicht im Staudenkatalog: Rudbeckien pflanzen sich heimlich fort. Und zwar so, wie das Wort es meint. Subversiv. Unterirdisch. Ich hatte rechts neben dem Zufahrtsweg ungefähr fünfzig Bodendeckerrosen gepflanzt. Viel zu dicht natürlich. Genau wie der immer gleiche Liebhaber, der keine Geduld, wenig Erfahrung und zu viel Vertrauen hat. Im Katalog steht: fünf bis sechs Pflanzen pro Quadratmeter. Die Rosen wachsen also nicht waagerecht, weil da schon die Nachbarin steht, sondern senkrecht. Und ganz hinten in der Ecke, bescheiden, ganz lieb und ein bisschen doof, Rudbeckia.

Ich mache es kurz, weil jeder Kenner ja schon weiss, was jetzt kommt. Zur Blütezeit der Rudbeckia sah man von den Bodendeckerrosen noch knapp die Hälfte, der Rest war unter den lieben, braven, bescheidenen Rudbeckien verschwunden. Sie buttern gnadenlos alles unter, was ihnen im Weg steht. Irgendwo habe ich von einer bestimmten Pflanze gelesen (ich weiss nicht mehr, von welcher), dass sie, liesse man sie nur, den Erdball in fünf Jahren total unterjochen könnte. Nach meiner Erfahrung kommen dafür nur vier Arten infrage: Brombeeren, Brombeeren, Brombeeren und Rudbeckien.

Im Winter schnitt ich die Bodendeckerrosen radikal kurz, räumte das Rudbeckiastroh ab und rollte den Rudbeckiateppich von hinten auf. Sowas hatte ich noch nie gesehen! Schneeweisse Ausläufer, die sich gleich bündelweise aus dem Boden ziehen liessen, immer das gleiche Bild: ellenlang flach geradeaus, dann mit bläulichweissen Triebspitzen nach oben. Wären es Spargel gewesen, hätte ich mir auch mal eine goldene Nase verdienen können. Aber so?

Wie lange ist das her? Ich habe gerade einen dicken Strauss Rudbeckien geschnitten. Dabei kratzt es ein bisschen an den Waden, aber sonst sind die Rosen lieb und bescheiden und ein bisschen doof und kaum da. Wir kommen alle gut miteinander aus.

GEDENKBLATT

Beim Säubern des Wegs fällt mir der alte Monsieur Joly wieder ein, den ich so gern mochte. Es gibt auch einen jungen Joly, der handelt mit Baumaterial – Zement, Steine, Holz, auch nett. Aber der Alte, das war der Mann. Ein Meister des Bulldozers. Er hatte verschiedene dieser riesigen Dieselmaschinen zum Baggern und Schaufeln auf dem Hof. Ohne Joly ging hier in der Gegend nichts.

Bei Wettbewerben löste der Alte lächelnd atemberaubende Aufgaben. Mit der stählernen Schaufel, deren Ladung einen Lastwagen in die Knie gehen lässt, nahm er ein Hühnerei vom Boden auf, ohne es zu zerbrechen. Ich sah staunend zu, wie er auf engstem Raum seine Maschine wendete – zwei Hinterräder auf der Erde, zwei Vorderräder in der Luft, der Auslegerarm bildete das dritte Bein, dann dreht sich die ganze Kiste dazwischen mit dem hoch in der Luft schwebenden Monsieur Joly beinahe auf der Stelle.

Wie breit sollen wir den Weg machen? Das ist acht Jahre her. Dreissig Meter Zufahrt mussten für das Kiesbett vorbereitet werden, vom Strassenrand nach hinten zur Scheune. Drei Meter? Ich war unsicher, erstens überhaupt und zweitens was das wieder kostet, drei Meter, das müsste ja reichen. Monsieur Joly kannte das schon. Monsieur Joly entschied. Vier Meter. Nach ein paar Jahren sind es ganz von selbst drei Meter!

Der Wechsel der Jahreszeiten ist auch ablesbar an dem, was der Garten zu tun gibt. Jetzt fängt wieder die Aufräumzeit an. Der wilde Wein, dessen meterlange Zweige von der Dachkante herunterhängen, ist wundervoll blutrot, der Apfelbaum gegenüber färbt sich gelb und braun, im Wind segelt silbergrünes Weidenlaub, treiben die Fiederblätter der Eschen und ihre Flügelfrüchte – und alles trifft sich natürlich am liebsten auf meinem Weg.

Man könnte das Laub einfach liegen lassen. Solange es trocken raschelt, sieht es hübsch aus. Aber wenn es regnet, fangen die schweren Blattklumpen schnell an zu rotten und Humus zu bilden. Auf dem

Komposthaufen ist das wunderbar, auf dem Weg ganz dumm. Da grünt es schon ganz von selber mehr als gut ist. Wenn der Regen dann auch noch die umgebildete Blattmasse in den Kies hineinwäscht, wird er je länger je mehr zum denkbar besten Wachstumsgrund für Gräser.

Das Laub also zusammennehmen, wohl oder übel. Das ist ja nicht so schwer. Und es ist längst nicht mehr so viel wie damals, als der Weg neu war. Unlängst gemessene Wegbreite: Wechselnd zwischen drei und dreieinhalb Metern. Monsieur Joly wusste es besser. Und die Wegkanten? Die reine Natur. In einem französischen Garten dürfte man sich damit nicht sehen lassen!

WAS IST REGEN?

Regen. Tagelang. Es hört nicht auf. So viel Wasser, es kann nicht einsickern, wegfliessen kann es auch nicht. Also sammelt es sich. In jeder Kuhle, jedem Loch, jeder Radspur, jeder Senke, jeder Mulde, jeder Vertiefung. Nachts quer durch den Garten zu gehen, eine Seefahrt. Schuhe wie Fussbadewannen, alles nass. Aber die Dahlien müssen raus!

Arbeiten im Regen: Legen Sie einen Jutesack (kein Feingewebe! So was Sackgrobes, was man früher für Kartoffeln brauchte!) glatt auf Tisch oder Boden, die Schmalseite mit der Öffnung wenden Sie gegen sich. Fassen Sie die rechte obere Ecke und schieben Sie diese Ecke energisch zwischen die untere und die obere Gewebelage in die linke obere Ecke des Sacks (wenn Sie Linkshänder sind, machen Sie es halt umgekehrt). Was haben Sie? 99 Punkte und eine Kapuze! Die zieht sich der Gärtner über den Kopf, dann hängt der Sack als Regenschutz lang den Rücken hinunter bis aufs Hinterteil.

Früher galt: Wenn diese Kapuze durch war (sie wog dann irgendwas bei sechs oder acht Kilo), durfte man den Spaten aufbuckeln und unter Dach gehen. Das war zum Beispiel, als man im Winter erst um gnädige halb acht statt wie sonst um sieben im Stockdunklen die Klamotten zusammensuchte und betete: «Lieber Gott, lass Abend werden, Morgen wirds von selber!»

Ach ja, die Dahlienfüsse (die Franzosen sagen «pieds»), sonst im Herbst tonnenschwer, kamen wie frisch gewaschene Rüben aus dem Boden. Wenigstens was! Hopp in die Gemüsekisten, ab in den Keller. Da bleiben sie jetzt bis April. Stellen Sie sich nur einen Moment lang vor, Sie wären ein Dahlienfuss! Was würden Sie bis April im Keller machen ausser trocknen? Eben.

O WILDNIS!

Manchmal hat man ja wirklich das blöde Gefühl, dass sie mit einem reden. Sie sagen zum Beispiel: «Siehst du Idiot nicht, dass wir hier nichts als ewig kalte und nasse Füsse haben?» Oder sie sagen: «O Gott, diese blöden Schwertlilien gehen uns auf den Keks, das weiss doch jeder, dass Astern und Schwertlilien nichts miteinander am Hut haben!»

Versteht man es nicht? Oder hört man einfach nicht zu? Jahrelang standen die Astern in einem schmalen Beet an der Nordseite des Hauses – diese büschelweise blühenden, kleinblumigen blauen oder rosafarbenen mit den niedlichen gelben Staubfäden. Ich hatte irgendwann einmal zwei Sorten gepflanzt, eine niedrige und eine ungefähr kniehohe, sie kämpften tapfer, aber es wurde nie was Rechtes daraus.

Nordseiten sind feucht, haben nicht genug Licht, und angenehm bewegte Luft fehlt auch. Im Frühling hatte ich endlich einen neuen Pflanzplatz. Eine offene Südseite diesmal, von morgens bis abends Sonne, schmale Streifen rechts und links eines kleinen Weges. Und am Ende des Weges ein abschliessendes Mäuerchen mit darüber liegender Pflanzfläche. Beim Umpflanzen teilte ich die Stauden, es waren am Ende ziemlich viele, dann hinein damit. Hohe hinten, niedrige vorn. Beim Abschneiden des Krauts vom Vorjahr hatte ich die Längen sorgfältig ausgemustert.

Es liess sich schön an. Unkraut und Astern kämpften um den Vorrang, ich half den Astern, da bin ich brutal, sie breiteten sich aus, der Platz gefiel ihnen, dann ging ich in die Ferien.

Nur drei Wochen. Als ich nach drei Wochen zurückkam, war der Weg verschwunden. Eine Asternorgie. Ein Asternmeer. Eine Asternwildnis! Es ist unfasslich. Mehr noch, ein brummendes Asternmeer. Auch da braucht man erst wieder einen Stoss ins Gedächtnis. Was brummt denn da? Bienen! Herden oder Horden von Bienen. Der Weg war wirkungsvoll verbaut. Nur ein Selbstmörder hätte sich da hineingewagt. Ich bin keiner.

Übrigens: Die hohen Astern stehen vorn und als kniehoch könnte sie nur ein Riese bezeichnen, die niedrigen hinten. O Mann! Im Prinzip hatte ich alles richtig gemacht, nur ein bisschen falsch herum. Jetzt muss ich noch einmal dran. Aber diesmal werden sie mir vergnügt helfen, die Kritik, die ich bekomme, ist aufbauend, die Botschaften sind ermutigend.

KRATZBÜRSTEN

Disteln sind stachelige Pflanzen mit kopfartigen Blütenständen – meist Korbblütler. Als da sind Nickende Distel, Ackerdistel, Brachdistel, Kratzdistel, Wolldistel, Kohldistel, Wiesendistel, Krebsdistel,

Eselsdistel (bis 2 m hoch!), Nickdistel, Stacheldistel, Gänse- und Saudistel, Färberdistel, Mariendistel, Weberdistel, Silberdistel, Wetterdistel, Kugeldistel, Golddistel. Weitere Vorschläge werden gern entgegengenommen.

Nicht nur Esel fressen sie, es gibt auch wohlschmeckende Gemüsedisteln. Man braucht sie zum Färben in der Textilmanufaktur, als Heilkraut und als Zierpflanze. Silberdisteln mussten unter Naturschutz gestellt werden, die Ausflugstrophäe war (wie so viele andere Pflanzenarten) durch den Sammeltrieb zweibeiniger Eichhörnchen von der Ausrottung bedroht.

Meine Disteln sind keine Silberdisteln. Wenn sie ausgewachsen sind, kann ich mir leicht das Kinn damit kratzen. Von Aussterben kann schon leider gar keine Rede sein. Immer Ende Juli, Anfang August kommt ein Nachbar mit seinem Traktor. Das Gras auf den Freiflächen steht hüfthoch. Die Kettenwalze dreht sich in die Waagerechte, das gemütliche Diesel-plupp-plupp-plupp wird aggressiv, rauf und runter führt die Maschine, die Walze häckselt das Gras kurz und klein, eine halbe Stunde später sehen die Wiesenstücke so langweilig aus wie Rasentennis-Courts. Die Katzen freuen sich. Keine Maus kommt ungesehen vorbei.

Lange bleibt das nicht so! Drei Wochen später ist die Wiese wieder grün. Und sie blüht. Genauer: Die Disteln blühen. Wie schaffen die das? Vor der Mahd sah man sie gar nicht so genau. Jetzt sieht man nichts anderes. Wo man hintritt, sticht es. Durch die Hemdsärmel, durch die Hosenbeine, durch die Socken. Und wenn man dieser Vermehrungswut jetzt nicht begegnet, hat man Ärger mit den Nachbarn und am Ende selber nichts mehr ausser Disteln.

Also die Sense. Also nur gemessenen Schrittes hinüber und herüber. Für den jungen Goethe war das ein Kinderspiel mit der pfeifenden Rute: «Und übe, Knaben gleich, / Der Diesteln köpft», spottete er (im ‹Prometheus›). Für den Rest der Welt ist es eine dieser Arbeiten, von denen man schlecht träumt. Sie ist nicht schwierig und nicht schwer, man muss die Kratzbürsten nur kurz schneiden, dann versamen sie sich nicht mehr und das Gras kann sie noch einholen.

Das allerwichtigste Wort, dieses «nur». Mal ist es klein, mal gross, mal bedeutet es im Handumdrehen, mal die Entdeckung von Amerika. Nur noch dies und nur noch das und nur noch schnell und nur einen Augenblick und wenn ich nur und hätte ich nur. Und wäre nur die Sense schärfer und der Arm länger und überhaupt, sind Disteln eigentlich nur zum Schweisstreiben da und um Querbeete darüber zu schreiben?

EIMERWEISE!

Leider habe ich keine Zeit, das fällige Querbeet zu schreiben. Ich bitte um Verständnis dafür. Die Zwetschgen sind reif. Die Zwetschgen sind, genau genommen, schon überreif. Die Nachbarin hat sich schon spürbar missbilligend gemeldet. Ob die denn nun erst alle vom Baum fallen müssen. Sie fragt natürlich nicht ohne Hintergedanken, ich habe sie schon früher eingeladen, sich doch in Gottesnamen zu bedienen. Und jedesmal sagt sie stereotyp: nur die Abgefallenen! Jetzt werden es ihr wohl zu viel!

Um diese Abgefallenen, um die Plattgefahrenen auf dem Weg sausen die Wespen herum, es riecht süss, man muss die Nase gar nicht erst ins Gras stecken, und oben auf den Bäumen ist es blau. Wo man hinschaut, ist es blau. Dieses tintige Tiefblau und das Sattgrün der Blätter, zwei wunderschön zusammengehende Farben, Pullover und Hose, für den Herbst, toll! Zwetschgen pflücken! Auf der Leiter, mit Kopf und Hand fünf Fingern:

Dies ist der Daumen,
der schüttelt die Pflaumen,
der liest sie auf,
der bringt sie nach Haus
und der Kleine,
der frisst sie alle auf!

Sträucher und Bäume tragen nicht jedes Jahr so. Die letzte Vollernte war vor sieben Jahren. Ich habe immer noch Konfitüre und Saft in Flaschen von damals. Jedes Mal, wenn ich davon was aufmache, verabschieden sich meine heuchlerischen Tischgefährtinnen tränenkarg und wortreich von mir – aber am nächsten Tag bin ich immer noch da, ich mit meinem grenzenlosen Vertrauen auf Konserven.

Jetzt also. Und schon fangen die Probleme wieder an. Natürlich längst wieder, wieviel Zucker auf wieviel Früchte und wie lange kochen. Ein paar Editionen der letzten Unternehmung waren ja deutlich zu dünn geraten. Auch nach Jahren fliessen sie immer noch wie Sirup von der Brotscheibe. Klar, zu wenig Zucker. Und wie ging das wieder mit dem Entsafter? Wo ist die Gebrauchsanweisung dafür geblieben? Das ist dieser Riesentopf, der seit Jahren ungebraucht im Schuppen steht – weiss der liebe Himmel, wer inzwischen dadrin wohnt und lamentierend und mitleidheischend auszieht, wenn ich mir erlaube, meine Besitzrechte anzumelden.

Das ist hier kein «Komm, wir machen Konfitüre»-Spiel. Hier geht es nicht um zwei Kilo oder um sieben Kilo, hier kommt das Zeug eimerweise von den Bäumen, will eimerweise gewaschen, entsteint und gekocht werden. Meine Finger kleben schon, wenn ich nur daran denke!

Und das höre ich auch schon wieder: Verrückt der

Mann, kann man ja billiger kaufen! Wenn aber die Kostproben strahlende Gesichter machen, wenn die vollen Gläser blitzend sauber dastehen, dann sagt komischerweise niemand nein, der eins geschenkt bekommt.

Also gut. Kein Querbeet diesmal, dann bis zum nächsten!

ADAM RIESE

Was für ein Zwetschgenjahr! Die Äste der völlig verwilderten und überalterten Bäume biegen sich unter der Last der Früchte der Erde zu. Sattes Grün und dunkles Blau, wundervoll stark stehen die Farben gegeneinander, der ganze Garten eine riesige schottische Wolldecke. Und was tut der kühle Gärtnerblick? Er sieht natürlich wieder Zahlen. Wohin mit dem Reichtum, wohin mit den sechzig, achtzig, vielleicht sogar hundert Kilo?

Zwei Eimer gepflückt, und niemand sieht auch nur, dass schon einer angefangen hat! Die jahrein, jahraus gesammelten, schon wieder verstaubten Gläser aus Schuppen und Keller geholt. Und die Kilotüten Zucker und die Säckchen mit den Zitronen und dieses Gelierhilfezeugs und was weiss ich.

Entsteinen – zum Seligwerden! – und nur zwei Mal in den Daumen geschnitten. Und die Gläser und die Deckel gewaschen und sterilisiert. Und die Früchte in die Töpfe und Feuer drunter und rühren bis zum Gehtnichtmehr und einfüllen und alles klebt und die geschlossenen Gläser umgekehrt auf die Fensterbank und die besorgten Versuche, ist es Konfitüre oder Kompott? Da war doch diese wackere Hausfrau im Zug nach Zürich und ihr Rat, nicht am Zucker zu sparen, wissen Sie, dann ist das auch nicht grau, wenn Sie das in zwei Jahren aufmachen! Arbeit, Arbeit, Arbeit!

Und dann mal gerechnet. Was kostet eigentlich ein Pfund Zwetschgenkonfitüre im Laden? 2.50 oder 2.80 oder was? Und bei mir? Meine Rechnung:

15 kg pflücken 1h =	Fr. 30.00
8 kg entsteinen 2h =	Fr. 60.00
7 kg schlitzen 1/2h =	Fr. 15.00
3 Koch- + Rührstunden =	Fr. 90.00
2 Entsafterstunden =	Fr. 60.00
10 kg Zucker à 2.20 =	Fr. 22.00
7 KW Strom à -.18 =	Fr. 1.26
Gläser auskochen 1h =	Fr. 30.00
Flaschen auskochen 1h =	Fr. 30.00
Abfüllen, Schliessen	
Abwaschen 1h =	Fr. 30.00
Kleinmaterial, Pflaster	Fr. 20.00
	Fr. 388.26

Auf den Fensterbänken in der Küche stehen am Ende eines dunstgeschwängerten, übersüssen Tages kopfunter 22 Gläser Zwetschgenkonfitüre (zu plus/minus 500 Gramm) und sieben alte Weinflaschen Zwetschgensaft (also plus/minus 750 Gramm). Die reine Natur! Gestern Abend hing sie noch keusch und schwer und blau an rund nach unten gebeugten Ästen. Jetzt kostet die reine Natur, du glaubst es nicht, pro geniessbares Pfund 12 Franken!

DAS WETTER

Wenn man jung ist, findet man die Gespräche über das Wetter, denen man dauernd zuhören muss, völlig blödsinnig. Älter werdend, beginnt man einzusehen, dass Gespräche über das Wetter eine Bedeutung haben, die über das Wetter als Wetter weit hinausgeht. Sie sind von gemeinschaftsstiftendem Wert. Sie helfen, unterschwellige Aggressionen abbauen und Verlegenheitspausen überwinden – man muss reden, weiss aber nicht was, weil man sich eigentlich gar nichts zu sagen hat, nun aber einfach mal so blöd nebeneinander herumsteht. Da bietet sich das Wetter geradezu an. Heiss heute, oder?

Wiederum älter geworden, hat man gelernt, dass Gespräche über das Wetter lebensnotwendig sind – so lebensnotwendig wie das Wetter selber. Ich meine nicht, am Gartenzaun stehend mit dem Strohhut Kühlung fächeln und «mein Gott, die Hitze!» seufzen – der Rückseufzer von der anderen Seite kommt umgehend –, das ist was für Anfänger. Und vielleicht wirklich zum Lachen, freilich nur für den, der kühl ist. Kühl bitte, nicht cool!

Tiefere Bedeutung bekommen die Gespräche, die – wie gegenwärtig an meinem Gartentor – an Hiobs Klagen erinnern. Seit zwölf Wochen hat es hier nicht mehr geregnet. «Weiterhin freundliches Sommerwetter» als summarischer Bescheid des Wetterfroschs muss einem wie kalter Hohn erscheinen. Der Blick ins Weite trübt sich vor lauter Klarheit. Die paar dicken Quellwolken am Himmel sind nicht mal als barocke Altardekorationen zu brauchen. Hier unten verlieren Sträucher und Büsche ihre Blätter, die Wiesen sind grau, vergrämt wird mir ein Köpfchen Salat gezeigt, ich zeige auf meine eingemauerten Trauerdahlien – und meine Gäste sitzen fröhlich hinten auf der Terrasse in der strahlenden Morgensonne, welch herrlicher Tag! Ich meine, da kriegt man doch Erstickungsanfälle.

Da muss man über Wetter reden, aus therapeutischen Gründen. Wie kommt es, dass es nachts am Himmel grummelt und rollt, dass der Wind in den Bäumen rauscht, die sehr früh und unfroh viel Laub loslassen, aber das Wetter leuchtet irgendwo weit weg? Hier geht ja kein Kelch, hier geht ein voller Eimer vorüber! Der Brunnen zeigt noch nie Gesehenes

– seinen Boden! In sieben Meter Tiefe kein Tropfen Wasser. Wenn man nur einmal am himmlischen Wasserhahn drehen könnte!

DER APFEL

Mitten in der Wiese war plötzlich ein Loch. Es war zunächst gar nicht zu sehen, weil das Gras hoch genug stand, um es zu verbergen. Als aber der Grasmäher kreischte, als die Maschine festsass und schief hing und dann ein Stück – nur ein kleines – kahlgeschorener Boden (kahlgeschorenen Bodens?) im Grün sichtbar wurde, war es offensichtlich. Woher kommt es?

Im Ruhrgebiet weiss jedes Kind, dass sich der Boden manchmal auftut. Na und? Da ist halt ein alter Bergwerksstollen eingebrochen. Aber hier? Hier ist seit den alten Römern immer Weideland gewesen. Die Nachbarin, fast seit den Römern hier zuhause, wusste es: Da stand ein Apfelbaum!

Es muss ein grosser Baum gewesen sein. Irgendwann war er sehr alt, da wurde er abgesägt. Der Wurzelstock blieb im Boden. Jetzt, Jahrzehnte später, war seine Holzmasse so verrottet, dass sie in sich zusammenrutschte und das Loch bildete.

Neben dem Einfahrtsweg steht noch ein Apfelbaum. Er ist so alt und hutzelig, dass es einem richtig wehtut. Die Misteln (diese Halbschmarotzer, die den Wirtsbäumen das Wasser und die darin gelösten Nährstoffe entziehen) würgen ihn vollends, er muss sterben. Ich möchte ihn aber gern noch ein bisschen behalten. Denn bevor ein neuer Apfelbaum so weit ist, dass er ihn ersetzen kann, muss ich sterben.

So pragmatisch gedacht, hat der Baum wahrhaftig keine Ursache, mir dankbar zu sein. Er ist es aber trotzdem, darauf würde ich wetten. Er gab mir ein

Zeichen. Vor ein paar Tagen lag ein wunderschöner, schmalrot gestreifter, grosser Apfel unübersehbar mitten auf dem Fahrweg. Ein paar Kiessplitter hatten sich da in die Schale gebohrt, wo er aufgeschlagen war (das Knirschen, wenn man da ahnungslos draufbeisst). Aber davon abgesehen war der Apfel vollkommen, er hatte keinen Fehler, keinen Makel, kein Wurmloch, keine Rostflecken, nichts! Er war geschenkt.

Von diesem Baum gefallen, man muss sich das vorstellen! Man sieht vor lauter Misteln kaum noch Apfelbaumblätter. Die unteren Äste sind fast trocken und beinahe kahl. Zur Zeit der Apfelblüte, wenn die jungen Bäume im zartesten Rosa prunken, das über ihre weissen Blütenblätter hingehaucht ist, steht er starr und knorrig. Wo war da seine Blüte? Und jetzt das!

Mir erzählt doch niemand, dass das nichts zu bedeuten hat!

STACHELWÜSTE

Wenn man Brombeeren – die etwas heruntergekommene engste Verwandtschaft der Rosen – einfach so wachsen liesse, brauchte Dornröschen keine drei Jahre zu warten, bis ihr Schloss in eine Dornenburg verwandelt ist. Brombeeren spriessen, als bekämen sie es bezahlt. Triebe von sechs, sieben Metern Länge in zwei Wochen sind nichts Besonderes. Wo man ihr Wachstum nicht stört, legen sich die jungen Ranken über das abgestorbene Holz vom letzten Jahr, im nächsten Jahr sind wir schon im dritten Stock, und beim besten Willen ist nicht mehr auszumachen, was da eigentlich zugewachsen ist.

Gärtnerische Duldsamkeit wird schlecht belohnt. Dass die Früchte klein und trocken sind und nicht gut zu erreichen, geht auf Konto der langen Trockenheit. Aber Wutanfälle provozieren jene *Rubus*, deren neue Ranken sich dicht über dem Boden dahinschlängeln. Wer ahnungslos durchs Gras läuft, bleibt in den zähen Ruten wie in Fussangeln hängen, fällt auf die Nase mit zweitens um die Knöchel ganz schön aufgekratzter Haut.

Drittens schlagen diese Ranken überall da Wurzeln, wo sie Bodenberührung haben. Wer fleissig ist, kann sich in einer halben Stunde mehr Jungpflanzen ausgraben, als eine Gärtnerei ihm auf einen Sitz verkaufen könnte.

Aber was wollte man schon damit? Ich habe einen riesigen Nussbaum in einer Gartenecke. Ich beobachte ihn mit dem Feldstecher! Er hängt voller Nüsse. Alles hängt dieses Jahr voll. Wie schön. Dort hinzukommen ist freilich erst mal eine gute Stunde Arbeit. Die Mäuse schaffen es schneller. Mit der Sense schlage ich mich wie im Urwald durch das Gestrüpp. In Gummistiefeln und langer Hose, egal, wie warm es ist. Ein Hügelzug aus Brombeerholz links der Schneise, rechts erbärmliche Kahlheit, vor mir noch zehn Meter, hinter mir eine struppige Gasse und alles wegen ein paar Nüssen und ich ein Mörder – mein Gott, ja, heute fand ich ein totes Jungkaninchen, als ich in den Keller wollte. Das neugierige Ding hatte die Nase zu weit in ein Loch zwischen Wand und Tür gesteckt, war hineingefallen und konnte nicht mehr heraus. Da hört die niedlichste Tiergeschichte auf, das arme Vieh ist glatt verhungert, für Maden und Würmer war es aber immer noch Mast genug.

Brombeeren sind Unkraut, das haben wir nun mal beschlossen. Sie gehören in die gleiche Familie wie die Kletterrosen. Auch denen ist mächtig der Kamm geschwollen in den letzten paar Wochen. Die Jahrestriebe – an denen im nächsten Juni die Blüten sitzen sollen – hängen wie kratzbürstige Tentakel im Garten herum. Sie sind schnell ein paar Meter lang. Da meckert natürlich niemand. Da schmeisst man sich wollüstig ins Dornengehege und schneidet raus, was dieses Jahr eine Blütenwolke war, um Platz zu machen für die nächste. Gegen die lebensgefährlichen Stacheln dieser Kletterrosen ist das bisschen Brombeerrankengekratze übrigens eine sanfte Massagebürste!

HÖFLICHE BITTE

Wir kennen uns, verehrte Dame, seit einigen Jahren. Früher wohnten sie im Dachgeschoss des alten Backhauses. Das war nicht sehr luxuriös, aber bequem. Das Giebelfenster war keines mehr, der Fensterflügel war weg, der Rahmen verfault. Da ging es hurtig hinein und hinaus. Und einen Notausgang gab es auch. Auf der Südseite hatte das Dach ein quadratmetergrosses Loch.

Als das Backhaus wiederhergestellt wurde, sind Sie umgezogen, drüben in die Scheune. Manchmal in der Dämmerung sah ich Sie von dort aus über den Hof abstreichen, drei Meter über dem Boden. Einmal war gerade Kinderbesuch bei mir: «Was ist das?» Leicht gesagt: Eine Eule. Und zwar, Kompliment, keine kleine. Kann das sein, so ungefähr ein Meter zwanzig von Flügelspitze zu Flügelspitze?

Dass Sie in der Scheune festen Wohnsitz genommen hatten, verrieten die Gewöllekugeln auf der Tenne und die weissen Kotstreifen am Gebälk. Ob die Federbüschel auf Ihre Rechnung gingen, weiss ich nicht, mein Brehm wusste es auch nicht. Aber das war o.k. Jetzt freilich bitte ich doch höflich um etwas Rücksicht auf meine Nerven. Ich erinnere Sie: Vor ein paar Tagen wollte ich morgens etwas aus dem Auto holen, das wie immer in dem offenen Anbau neben der Scheune steht. Ich suchte, neben dem Auto stehend, noch den Schlüssel in der Hosentasche, da rauschte es – falsch, nicht es rauschte, Sie rauschten über meinen Kopf weg, ich hätte Ihnen eine Schwanzfeder ausreissen können!

Das dachte ich natürlich erst hinterher – und auch dann hätte ich es natürlich nicht wirklich gewollt. Aber wahr ist: Ich stand da wie Lots Weib, eine Salzsäule mit Gänsehaut. Dabei hatte ich mich gar nicht umgedreht. Hätte mich früher einer gefragt, ob mir ein Vogel solch einen Schrecken einjagen könnte, hätte ich überlegen gelächelt. Jetzt weiss ich es besser. Ich war zu Tode erschrocken. Und das kann auch nicht in Ihrem Interesse sein! Ich bitte Sie höflich, sollten Sie wieder einmal im Gebälk des Anbaus zu nächtigen – ich meine zu ruhen gedenken, sagen Sie doch wenigstens mal kurz pieps (oder was Sie sonst können), bevor Sie Reissaus nehmen. Sie könnten übrigens auch ruhig sitzen bleiben. Ich habe Sie immer respektvoll verehrt.

Das werde ich übrigens auch weiterhin tun!

AUFRÄUMEN!

Jetzt endlich! Jetzt kann es sein. Das Erdsieb – ein alter Spiegelrahmen, massiv Eiche, aus dem Brockenhaus, Gitterdraht draufgespannt –, die grosse Hacke, die Schaufel, ein Sack Kalk, Absender ‹Landwirtschaftliche Genossenschaft›. Eine Schubkarre. Vier Komposthaufen nebeneinander. Der Vierjährige ist nicht mehr zu retten, der ist eigentlich nur noch ein lockeres, flaches Häuflein. Wenn ich an einer Grassstaude ziehe, kommt der riesige Wurzelballen mit. Den vergessen wir mal. Aber der dreijährige Haufen ist reif, der sieht wunderbar aus!

Also sauberhacken, das Unkraut kommt gleich

auf den jüngsten Haufen, dann geht es los. Schaufel um Schaufel rutscht das kunterbunte Durcheinander über das Gitter, hinter dem Sieb häuft sich die lockere, schwarze Erde, vor dem Sieb alles, was im Laufe jenes Jahres (wann war das denn? 1993!) stillschweigend mit auf dem Haufen landete. Steine, Topfscherben, Holz, Drahtschlingen, Stücke von schwarzen Plastiktöpfen, ein bisschen schamrot wird man ja schon!

Mit einem Blumentopf wird der Kalk aus dem Sack geholt und über die sauber gesiebte Erde gestreut. Jetzt liegt der ansehnliche Haufen da – frische Blumenerde oder Gartenerde. Karre um Karre wird sie in die sauber vorbereitete Ecke geschafft, trockener Untergrund, schattige Lage, ein grosses Sacktuch darüber, fertig zum Gebrauch.

Und dann wache ich auf und merke, dass ich schon wieder einen meiner Lieblingsträume geträumt habe. Endlich mal aufräumen! Die Komposthaufen lagen heute früh so ungekämmt und unberührt da wie immer.

UNGLÜCKSFALL

Im Garten zu beobachten, was sich so ganz von selber zuträgt, ist vergnüglich. Noch vergnüglicher ist es, sich selber zuzuschauen, ohne einen Finger krumm zu machen. Am Ende weiss man wahrhaftig nicht mehr, was man eigentlich von sich halten soll. Meine Geschichte dazu hat noch einmal mit Kürbissen zu tun. Aber Kürbisse sind ja gerade Mode.

Die Begrünung von Mauern ist nicht schwierig, sie braucht nur Zeit (alles braucht immer nur Zeit!). Der letzte Anlauf war wunderbar gelungen. Eine Ziegelmauer verschwand endlich im letzten Frühjahr unter dem Laub von wildem Wein, der sich im Lauf zweier Jahre mit viel gutem Zureden hochgearbeitet hatte.

Die Komposthaufen sind nicht weit davon weg. Einer wurde zur Heimatadresse der Kürbispflanzen, die rundherum munter alle Guinness-Rekorde brachen (der längste ‹Arm› reichte abgeschrittene sechzehn Meter in die Wiese!).

Ein paar Ranken krabbelten auf die Mauer zu. Und eine ging ins Weinlaub und senkrecht die Wand hoch. Da prangten dann erst ein paar zauberhaft gelbe Blüten, dann leuchtete, zwei Meter über dem Boden, eine gelbe Frucht, so gross wie ein Apfel. Vierzehn Tage später war sie schon so gross wie ein Kohlkopf. Andreas Gryphius (1616–1664):

Du machst dreyhundert vers
eh' als ich drey gemacht,
Ein Lorbeerbaum wächst spät,
ein Kürbs in einer nacht.

Die Triebe des wilden Weins klammern sich mit kleinen ‹Füsschen› fest an die Mauer. Sie tragen ihr Blattwerk mühelos. Aber jetzt? Der Höllensturz war fürchterlich. Mit dem aufgeblasenen Kürbis fuhr in die Tiefe, was sich an der Wand hochgearbeitet hatte, ein grosses Loch gähnte mitten im Weinlaub, das sich gerade rot zu färben begann.

Es musste so kommen, ganz klar. Aber warum habe ich nichts getan? Die Ernte? Lächerlich, ich habe so viele Kürbisse, einer schöner als der andere! Die Aussicht auf die Katastrophe lockte! Und lähmte! Wie beim Autorennen. Warum geht man hin? Na bitte!

Schön war ein Kürbistransport. Drei Knatschgelbe sassen herzlieb und brav wie eine Familie hinten im Auto. Am Zoll, nein, nichts anzumelden. Soso, kann ich mal die Ausweise von den Dreien da hinten sehen? (Er liess Gnade vor Recht ergehen.)

VOM PARADIES

Steht mit langen Zähnen in der Räucherkammer und lässt sich hungrig und sehnsüchtig den Speck durchs Maul ziehen. Sitzt im Garten und träumt vom Paradies! Ist beides dasselbe. Braucht sich nicht mal umzudrehen, braucht nur die Augen aufzumachen. Braucht nur zu sehen, was da ist.

Die Kartoffeln blühen. Eben noch kniete mein alter Freund Maurice, wie immer mit dem kalten Gauloise-Stummel im Mundwinkel, in einem Gartenstück, in dem er kleine Hügelreihen aufgehäuft hatte. Nein, kein Spargel, Kartoffeln, sagte er auf meine Frage. Kleines Kartoffelgespräch also. Bei uns setzt man die Saatkartoffeln ins Flache und häufelt sie an, wenn sie treiben. Hier setzt man sie gleich tief in die aufgeworfene Erde. Früher, als man noch ärmer war und es noch drauf ankam, wurden die Saatkartoffeln zum Sparen noch in zwei oder drei Stücke geschnitten – alle wuchsen.

Jetzt blühen sie, ein paar lange Reihen wunderschöner weisser Blütenstände, kleine gelbe Augen in den Kelchen. Später tragen sie die kleinen, grünen Früchte, die unsere Voreltern einst zu essen versuchten, nachdem die Kartoffelmissionare sie ewig und drei Tage bekehrt hatten. Wann war das? Mitte des sechzehnten Jahrhunderts, lese ich, ungefähr zur selben Zeit, als die Tomate nach Europa kam. Die Kartoffelfrüchte sahen doch auch aus wie kleine Tomaten, oder? Natürlich gab es Bauchweh. Und irgendwann begriffen sie, dass es ja um die Knollen in der Erde ging!

Bauchweh hatten sie auch schon, als sie an den grünen Früchten der Tomate knabberten – die sind genauso giftig. Selbe Familie! Wer seine Nase braucht, muss riechen, dass Kartoffeln und Tomaten eng verwandt sind. Der kräftige Duft des Krauts hängt lange an den Fingern. Also diente die aus Persien eingewanderte Tomate zunächst als Zierpflanze im Blumengarten. Da hiess sie Goldapfel oder Liebesapfel, die Österreicher nennen sie immer noch Paradeiser, also Paradiesapfel. Aber Tomate sagen alle, sogar die, die so schreckliches Zeug wie Ketchup daraus machen.

Mit der Kartoffel ist es lustiger. In Italien Patate, auf plattdeutsch Pataten, auf englisch Potatoes – bei den Franzosen Pommes de terre, die vornehmen deutschen Erdäpfel. Wo sind, auf ihrer Wanderung nach England, in Frankreich die Pataten geblieben? Bei den Bauern! Franzosen sagen wohlgesittet Erdäpfel. Aber meine Nachbarin fragt irgendwann «désirez-vous des patates?», und hält sich im selben Augenblick – «Mon Dieu!» – erschrocken und verschämt die Hand vor den Mund. Patates, um Gottes willen, das ist Dialekt, das sagt man doch nicht.

Ach, wir waren doch schon im Paradies! Und können immer wieder hin. Man muss sich nicht einmal gross umschauen, vor den Füssen breitet es sich aus, mal ist es ein Stückchen Kartoffelacker, mal ein Tomatenbeet.

KNOCK OUT!

Alle reden von Brehms ‹Tierleben› – wer redet von meinem? Hat Herr Brehm je eine Haselmaus k.o. geschlagen? Na bitte! Aber ich!

Ich glaube nicht, dass es dieselbe war, die erst kürzlich auf sehr merkwürdige Weise an der Hausmauer entlangtorkelte. Bei jedem anderen hätte man ein paar Gläser zu viel vermutet. Streitsüchtig war sie auch. Das passt ja! Als ich sie freundlich in die Wiese setzen wollte, fauchte sie mich ziemlich ungattig an. Warte, dich krieg ich! Ich holte einen Kochtopf und den passenden Deckel. Sie in den Topf zu bekommen, war ganz leicht, sie herauszubekommen schon gar kein Problem. Erst spähte sie, Vorderpfoten auf dem Topfrand, in die Runde, dann verschwand sie wie ein geölter Blitz.

Mit dieser hier ging das anders. Ich wollte in den Schuppen, machte die Tür auf – da lag die Haselmaus, stocksteif, der Länge nach am Boden. Tot, dachte ich – nahm sie auf. Lange konnte sie da nicht gelegen haben, durch die Tür gehe ich ja dauernd. Weil ich sie nun schon mal so vor der Nase hatte, betrachtete ich sie genau. Ein sehr niedliches Tier. Der Schwanz ist apart! Eine Handspanne lang, vom Ansatz bis ungefähr in die Mitte, kurzhaarig wie Samt, der Rest bis zur Schwanzspitze sieht aus wie eine kleine Flaschenbürste oder, besser, wie ein kräftiger Pfeifenputzer.

So sind wir. In den Ecken im Dach steht das Mäusegift, weil man die Viecher nicht überall haben will und kann. Da werden sie anonym ermordet. Dann hat man ein Versehrtes in der Hand, und schon heult man gerührt!

Das Tier atmete aber, flach, doch spürbar. Ein bisschen Wasser auf die Nase wirkte. Es blinzelte, bewegte sich ganz weich und langsam, ich setzte es auf den Boden – was hat es? Jetzt dauerte es nur noch einen Augenblick. Sanft über den Rücken gestrichen, da drehte es blitzschnell den Kopf, biss mich in den Finger, knurrte, sauste an die Mauerkante der Terrasse, hing schon kopfunter wie ein Akrobat an den Ziegelsteinen, unten war Gras, weg war sie.

Dann kapierte ich langsam. Dieser Unglücksrabe sass genau in dem Augenblick hinter der Tür, als ich sie schwungvoll aufmachte. Der Knockout war vernichtend. Alles passte. Dass sie langsam wieder zu sich kam, dass sie erst einmal total schlapp war, dann vorsichtig Hals und Beine probierte, alles funktionierte. Dann kehrte das Bewusstsein zurück. Das Selbstbewusstsein auch – ich höre förmlich, was sie dachte (und erspare uns, sie zu zitieren). Schliesslich ab durch die Mitte! Die Wand, die Mauer, unten Gras, weg war sie.

Abends Otto Schmeils ‹Tierkunde›: «Weitere Verwandte des Eichhörnchens sind die niedlichen Schlafmäuse, die vorwiegend Bäume bewohnen und in ihren Nestern einen langen Winterschlaf halten. Am häufigsten ist die Haselmaus, die die Grösse einer Hausmaus und einen kurzbehaarten, körperlangen Schwanz besitzt. Der grössere Siebenschläfer dagegen hat einen buschig behaarten Schwanz.»

Also nicht eine Haselmaus, einen viel grösseren Siebenschläfer hatte ich k.o. geschlagen! Was ich alles kann!

ABRÄUMEN

Alles ist nass. Alles. Einmal quer durch den Garten, und die Gummistiefel, unförmig wie Elefantenfüsse, hängen als Bleigewichte an den Füssen. Ein Nachbar war da, wir hatten ein Grenzproblem, wo darf ich noch Bäume pflanzen und wo nicht mehr. Dann haben wir uns auf der Wiese mit dem scharfen Wasserstrahl aus dem Gartenschlauch den matschigen Lehm von den Stiefeln gespült.

Er ist gut erzogen! Vor der Verandatür ist er schon aus den Stiefeln, bevor ich «aber bitte!» sagen kann. Er schlüpft in meine ausgelatschten Sandalen, die ich ihm gegen kalte Füsse anbiete, wir lachen, wir haben die gleiche Schuhgrösse (nächste Grösse Kindersarg!).

Wir sitzen am Fenster und schauen ins Trübe, es regnet natürlich, das Geräusch auf dem flachen Dach über uns ist einschläfernd, ich bin erleichtert, es regnet nicht durch. Das Bier wird natürlich aus der Flasche getrunken. Jeder beobachtet den anderen mit beiläufiger Neugier – kann er das ohne Unterdruckgeräusche? Das Gespräch ist lahm. Wetter kann Kommunikation auch verhindern. Musst noch mal Gras schneiden, oder? Klar, und zwar quer durch alle Maulwurfshaufen. Aber bei der Nässe? Unmöglich. Die Maschine versäuft ja. Freilich nicht im Bier.

Wann nimmst du die Dahlien raus? Wollte ich längst, bin noch nicht dazu gekommen. Dabei sind es gerade noch vier oder fünf, die anderen sind mir ja vor zwei Jahren erfroren, total. Ich wollte neue kaufen, aber was ich gesehen habe, ist nur so Mickerzeug, hat mir nicht gefallen. Muss aber nächstes Jahr doch mal. Dann nehme ich sie aber von der Hecke weg, steht sich ja alles gegenseitig im Weg. Wann schneidest du denn deine Hecken?

Das Bier ist alle, wir sagen auf Wiedersehen, ich kehre auf die Veranda zurück, irgendwie müde, keine Lust – nichts von der Maiheiterkeit, dem Rosenfrohsinn im Juni, den langen Sommerabenden draussen unter der Pergola, überall trieft, tropft, rinnt, gluckert es. Klar, auch im Frühling regnet es und im Sommer, aber es ist nicht dasselbe. Das Gartenjahr hat abgewirtschaftet, wo ich hinschaue, Reste, Überbleibsel, kahle Äste, trockene Zweige, braune Büsche. Scheren und Sägen sind dran. Und die Sehnsucht nach einem neuen Frühling.

FRÜHER MAL

Vor der Erfindung der Spraydose musste man Blattläuse mit einem Sud aus Zigarettenstummeln bekämpfen. Die Kippen wurden eingeweicht, eine hässliche braune Suppe bildete sich. Die Reste – Filter, Papier, Tabak, Asche – wurden abgeseiht, was übrig blieb, stank wie die Pest. Die Nachricht davon hätte schon genügt, um jede Blattlaus in die Flucht zu schlagen.

Das mit den Blattläusen wissen wir gerade noch. Aber was haben wir inzwischen nicht alles vergessen! Die wussten früher, wie man Disteln loswird. Voriges Jahr habe ich die Meisterprüfung als Distelköpfer abgelegt – alle abgeschnitten. Ich war ganz sicher, die Fortpflanzungsreihe einmal unterbrochen, müsste ich Ruhe haben. Von wegen! Wenn einer mit Haarwuchsmitteln nur halb so erfolgreich wäre wie ich mit Distelnachwuchs, wäre er Milliardär. Aber wie haben die das damals gemacht?

Wie man Tomaten richtig trocknet, habe ich überhaupt nie gelernt. Grossmutter konnte das noch. Bohnen sind kein Problem, die trocknen von selber, wenn man ihnen ein bisschen gut zuredet. Ich weiss gerade noch, dass man Kürbisse in Kellern in Netzen aufhängte, damit nicht ihr ganzes Gewicht auf einen Punkt drückt – so bleiben sie bis in den Winter hinein frisch. Und unsere Kartoffeln! Die wurden doch früher im Herbst auf Vorrat eingekellert. Jetzt gibt es nur noch Frühkartoffeln. Vierzehn Tage feuchte Kühle, dann Matsch. Können Sie einen Besen binden? Können Sie einen Korb flicken? Kaufen Sie lieber gleich einen neuen, ist billiger. Ich habe Weiden, ich kann Ruten schneiden, aber sie zum Flechten herrichten, das kann ich nicht. Wie macht man das?

Nichts als Hilflosigkeit. Immerhin, kürzlich habe ich eine Schaukel geschenkt bekommen. Sitzbrett, Hanfstricke, Höhe verstellbar, alles wie früher. Beim ersten leichten Schaukeln lese ich noch einmal sorgfältig, ob ich alles richtig gemacht habe. Habe ich. «Fünfzig Kilo Höchstbelastung» stand da noch.

Das ist mir jetzt aber vollkommen wurscht!

HERBSTFEUER

Flach, breitgefächert, zartgrau ziehen die Rauchschwaden über Wiesen und Äcker. Mal fährt die Luft dazwischen und zaust sie, mal ballen sie sich in einer Bodenkuhle, dann fahren sie in die Höhe, zerstieben im Wind, und mit ihnen zerstiebt ein bisschen Sehnsucht, ein bisschen Fernweh, ein bisschen Sommerseligkeit.

Aber dann geschieht das Unbegreifliche. Eben noch haben wir den flimmernden Sommersonnentagen unverbrüchliche Treue geschworen, da stürzen schon neue Bilder in die immer hungrige Seele, das Leuchten des Weinlaubs, die Glutfarben der Ahornblätter, die Wechselfarben der Waldränder.

Die Rauchschwaden der Herbstfeuer in den Gärten sind Boten. Wieder neigt sich ein Jahr seinem Ende zu. Was hat sich da nicht alles angehäuft! Der Obstbaumschnitt des letzten Winters, das Gestrüpp aus den gelichteten Buschhecken, Berge von Rosenholz, die harten Stengel der hochwachsenden Stauden. Und dann habe ich endlich den alten Hühnerstall ausgeräumt, die Reste der Gelegekästen, alle die Stangen und Nester und Treppchen und Türen, und die Abdeckungen oben drüber, ein Eldorado für Siebenschläfer und Mäuse waren die mit Stroh und Spreu gefüllten, längst verrotteten Jutesäcke.

Alles brennt jetzt. Hoch lodert das Feuer, seine Schwaden ziehen mit über die Felder. Zerflatternde Erinnerung an traumselige Nachmittage im Sonnenglast. Nur das Eichelhäherpärchen, nimmermüde, vorlaut, munter wie immer, weiss von alledem nichts.

Ein Lied hinterm Ofen zu singen

Der Winter ist ein rechter Mann,
Kernfest und auf die Dauer;
Sein Fleisch fühlt sich wie Eisen an,
Und scheut nicht süss noch sauer.

War je ein Mann gesund, ist er's;
Er krankt und kränkelt nimmer,
Weiss nicht von Nachtschweiss noch Vapeurs,
Und schläft im kalten Zimmer

Er zieht sein Hemd im Freien an,
Und lässt's vorher nicht wärmen;
Und spottet über Fluss im Zahn
Und Kolik in Gedärmen.

Aus Blumen und aus Vogelsang
Weiss er sich nichts zu machen,
Hasst warmen Drang und warmen Klang
Und alle warmen Sachen.

Doch wenn die Füchse bellen sehr,
Wenn's Holz im Ofen knittert,
Und um den Ofen Knecht und Herr
Die Hände reibt und zittert;

Wenn Stein und Bein vor Frost zerbricht
Und Teich und Seen krachen;
Das klingt ihm gut, das hasst er nicht,
Dann will er sich tot lachen. –

Sein Schloss von Eis liegt ganz hinaus
Beim Nordpol an dem Strande;
Doch hat er auch ein Sommerhaus
Im lieben Schweizer Lande.

Da ist er denn bald dort bald hier,
Gut Regiment zu führen.
Und wenn er durchzieht, stehen wir
Und sehn ihn an und frieren.

Matthias Claudius, 1740–1815

WINTER

Bitte endlich die Batterie für den Anlasser des Grasmähers ausbauen und zum Laden in den Keller bringen. Bitte endlich die Maschine aufbocken, das linke Hinterrad abnehmen und den Reifen flicken – der ist ja inzwischen flachgequetscht wie eine Omelette! Und weil wir gerade dabei sind: Das Messer ausbauen und schleifen – das sieht ja aus, als hätte einer Steine damit gehackt.

Das Rad der einen Schubkarre hat auch schon wieder einen Platten. Letztes Mal sass ich gemütlich mit der grossen Waschschüssel zwischen den Beinen in der Sommersonne und tauchte den Schlauch stückweise ins Wasser, bis die Blasenspur aufstieg und das Loch verriet. Jetzt kriegt man draussen bestenfalls ein kaltes Hinterteil. Woher diese Löcher dauernd kommen, ist mir sowieso ein Rätsel! Die andere Karre hat zwar ein Vollgummirad, das geht nie kaputt, dafür lässt sie sich über nassen Boden nur mit grosser Anstrengung schieben (wenn überhaupt).

Der Vorschlaghammer, den die Nicht-Schmiede Schlegel nennen, würde jedem Versicherungsinspektor eine schlaflose Nacht bereiten. Also neuer Stiel. Das muss ein Könner machen, ich kann es nicht, ich kann nur so danebenhauen, dass der Stiel splittert und der Zimmermann, der mir den Hammer neu einstielt, mich beiläufig fragt, ob ich auch sonst immer mit geschlossenen Augen arbeite. Wer den Schaden hat, braucht für den Spott nicht zu sorgen!

Weil ich gerade dabei bin – weshalb ist es eigentlich unmöglich, ein neues Sägeblatt für eine ganz normale Bügelsäge zu bekommen, das passt? Es ist nicht möglich! Ich nehme mit dem alten Blatt bei Pontius und bei Pilatus Mass – es nützt nichts, bis jetzt waren alle neuen Blätter zu kurz oder zu lang. Sie sehen aber alle sehr schön aus, das muss ich zugeben!

Endlich auch einmal im richtigen Augenblick daran denken, dass ich seit bald einem Jahr ein Ersatzmesserblatt für meine kleinste Gartenschere kaufen will. Es ist doch unerträglich, dass ich immer nur dann daran denke, wenn ich sie brauchen will!

Der Sägebock ist an einer Seite aus dem Leim gegangen. Keine grosse Sache, aber ich muss ihn natürlich selber flicken. Spät nachts lese ich dann eine dieser wahnsinnigen Stanislaw-Lem-Geschichten, in denen sich Raumschiffe selber reparieren! Die Herren Astronauten (Damen gibt es da nicht – missverstehen Sie das aber nicht als Lesempfehlung) machen einen tollen Ausflug mit Picknick in die martialischen Felder, wenn sie zurückkommen, macht der Roboter gerade einen Probelauf. Die einzige Maschine, die immer läuft, die nie Probleme macht, die immer lächelt, ist die Bodenfräse. Eine Japanerin halt.

Dann stehe ich an der Hauswand – auf der Bank friert man auch an –, schaue nach oben (grau), nach unten (schwarz), nach rechts (grau) und nach links (da war doch auch mal was?) und denke, wie lange dauert das noch, bis es wieder nach Erde riecht und nach Gänseblümchen (als ob die röchen)? Wann kann man was anfassen und wieder loslassen, ohne dass es an den Pfoten kleben bleibt? Und überhaupt, wie lange dauert das denn eigentlich noch?

Halt, halt, halt! Der Seidelbast blüht doch! Bitte vielmals um Entschuldigung und Danke!

MISSMUT

Was haben frisches Brot und schlechte Laune miteinander zu tun? Ganz einfach. Zum Bäckerladen geht es bei mir um zwei Ecken herum. Der Weg führt an einem Werkzeuggeschäft vorbei. Im Schaufenster liegen Legionen von Kettensägen – der Jahreszeit gemäss. Es gibt elektrische Kettensägen, die funktionieren immer und machen kaum Lärm. Es gibt nur ein Problem, man findet nicht in jedem Wald gleich die nötige Steckdose. Dann gibt es die von kleinen Benzinmotoren angetriebenen Maschinen, dem Laien bekannt aus schrecklichen Filmen.

Es sind ganz schreckliche Maschinen. Nichts als Warnungen in den Gebrauchsanleitungen. Drücken Sie nicht, schieben Sie nicht, ziehen Sie nicht, drehen Sie nicht. Aber wenn man damit ins Holz geht, fabelhaft! In irgendeiner Ecke steht dann auch noch beiläufig, wie man die Dinger überhaupt in Gang setzt.

Einfach genug. Die Maschine auf den Boden legen, eine Schuhspitze so in den Handbügel stellen, dass sie festgehalten wird, den Chokehebel umlegen und schwungvoll an der Reissleine ziehen. Plopplop-plop. Das kann jedes Kind.

Von hier an freilich trennen sich Theorie und Praxis. Nach dem dritten Versuch würde schon jedes Kind aussteigen. Es ist doch Kraft nötig. Beim zehnten Versuch fängt der Rücken an wehzutun. Die Nachbarin fragt von drüben, ob auch frisches Benzin drin ist. Jaja, natürlich! Ich hatte das Ding ja letztes Mal leer gefahren, es konnte gar kein altes Gemisch mehr drin sein (ich sage auch ganz fachmännisch Gemisch!).

Jaaa, auch vorschriftsgemäss vier Prozent Zweitaktöl, und alles wurde kräftig geschüttelt, wie gehabt (bis das immer richtig abgemessen ist! Ein Liter Benzin ist kein Problem, aber vierzig Milliliter Öl!).

Weiterreissen, ploplop. Nichts zu machen. Kerzenschlüssel suchen, Zündkerze raus, Drahtbürste, wie zu Vespas Zeiten. Die Kerze ist blitzsauber. Kerze einschrauben, neues Reissen, ploplop, nichts. Choke ausschalten, Handgas hochstellen, Reissen, nichts. Es riecht nach Benzin. Ein alter Trick fällt mir ein. Einen Lappen mit Benzin befeuchten und über den Luftfilter legen. Wenn man jetzt reisst, saugt der Motor Benzindampf an. Er muss laufen.

Er denkt nicht dran! Machen wir's kurz, es war nichts zu machen. Höhnisch liegt sie in ihrer niedlichen kleinen Pfütze aus bioregradablem Umweltschutzöl und grinst mich an. Der Rücken ächzt, der Arm tut weh, ich sehe Legionen nagelneuer Kettensägen im Schaufenster – immer wenn ich Brot holen gehe, habe ich schlechte Laune.

Ach ja, der Service! Die Stimme des Fachmanns, sonor, selbstgewiss, die Kettensäge erkennt den Meister und legt die Ohren an, er reisst zweimal, nimmt einen kleinen Schraubenzieher, dreht irgendwo, zieht wieder, das Rabenaas läuft!

Ich meine, das hält doch niemand aus, oder?

SEHR VIEL HOLZ

Drei hohe Pappeln mit breiten Kronen standen am südwestlichen Rand des Grundstücks, hinter dem Teich. Noch vor sieben, acht Jahren waren sie wie alle Bäume, warfen im Herbst ihr Laub ab, zeichneten im Winter das weithin sichtbare Astwerk als kräftige Strichgrafik vor den Himmel. Nur Baumkundige sahen, dass es sterbende Bäume waren: Riesige Mistelkugeln hingen im Gezweig.

Einer dieser Herbststürme, die entsetzlich wüten, brach einen Ast ab – er war schon selber ein Baum. Er bohrte sich so unverrückbar in die regenweiche Erde, dass ich ihn auf Bodenhöhe absägen musste. Der Rest steckt heute noch. Die Bäume wurden lebensgefährlich. Der österreichische Dichter Ödön von Horváth wurde 1938 in Paris von einem herabstürzenden Ast erschlagen.

Im vorletzten Winter hatten wir schon die kleinste

Pappel gefällt. Marcel, sein Sohn Jean und sein Bruder Maurice rückten an. Die Kettensägen heulten und kreischten, die Pappel fiel seufzend auf den Acker nebenan, ich kochte Kaffee, servierte den Marc. Es gab einen mächtigen Stapel Kleinholz (auf dem haben sich inzwischen die Brombeeren niedergelassen), es gab einen Stamm, der sich gut verkaufen liess (für Streichhölzer und Zahnstocher!) und es gab noch zwei Pappeln.

Jetzt kamen meine Freunde wieder. Maurice mit seinem blauen Kastenrenault, Marcel mit dem grauen, Jean mit Traktor und Hänger. Maurice kam mittags nicht mehr vom Acker (die Herren fahren gern an ihren Arbeitsplatz, nicht in die Nähe). Wir schoben das herumschlitternde Auto, die Räder fassten, eine feuchtkalte Schlammfontäne ging über uns nieder. Fluchendes Gelächter, Marc.

Die beiden Pappeln neigten sich schräg über den Teich. In den sollten sie um Gotteswillen nicht fallen! Jean kletterte, eine Stahltrosse um den Bauch gewickelt, einen Stamm hoch hinauf, machte die Trosse fest, das andere Ende sass am Traktor, der stand draussen im Feld. Dann heulte der Motor, Sägen jaulten, Vorschlaghämmer trieben dicke Keile in den Schnitt, der Stamm zitterte, der Traktor zog, der Baum neigte sich langsam – teichwärts –, zog den strampelnden Traktor samt Fahrer rückwärts zu sich, endlich greifen die grossen Stollenräder, der Traktor macht Boden, die Pappel dreht eine tonnenschwere Pirouette auf ihrem Wurzelstock, langsam, ganz langsam, dann fällt sie, nicht in den Teich und nicht auf den Acker, sondern rechtwinklig zur erhofften Falllinie, der Boden dröhnt, zittert, da liegt sie. Puuh! Der Marc.

Stammdurchmesser an der Schnittstelle 118 cm. Geschätztes Alter: hundert Jahre und ein paar Krumme. Gewicht? Tonnen! Das Stammholz schon verfärbt. Die Zweite ging schneller, hatte auch besseres Holz, das kann man noch brauchen.

Vier Tage Arbeit für zwei Pappeln. Der Horizont jetzt ganz fremd. Dafür sieht die Eichen- und Hainbuchenecke viel höher aus. Die wichtigste Gartenecke! Da träumt sichs – im Sommerschatten in Hängematten.

VON WEGEN

«Die meisten Missverständnisse in Ansehung der Wege sind bey der Frage entstanden, ob sie in einer geraden Linie oder mit Krümmungen angelegt werden sollen...» Der Königlich Dänische Würkliche Justizrath und Ordentliche Professor der Philosophie Christian Cay Laurenz Hirschfeld, der hier nachdenkt, entschied schon 1779, dass die Frage mit Vorbedacht und Geschmack zu entscheiden sei.

Also die kürzeste Verbindung zweier Punkte. Hier Wohnhaus, dort Arbeitsscheune. Das Bandmass sagte 25 Meter. Die nüchterne Betrachtung sagte: Wenn der Herbst kommt (er kam), wenn der Regen kommt (er kam), wenn die Erde an den Stiefeln klebt (sie klebt), muss ein fester Weg her. Ein gerader Weg, nach der Schnur. Zweieinhalb Ziegelsteine breit, das genügt. Ein Ziegelstein ist 6 cm dick, 12 breit und 24 lang. Die Wegbreite wird also zwei mal 24 plus 12 plus Fugen sein, macht zusammen um 60 Zentimeter.

Auf dieser Breite muss die Erde für den Sand Platz machen, in den die Steine gebettet werden. Also 20 cm plus Steindicke von 6 cm ausheben. Macht rund drei Kubikmeter Erde. Mit der Bodenfräse vorgelockert, mit der Schubkarre weggefahren. Drei Kubikmeter Sand – das rutscht fast von selber! Dann die Steine. Harter Klinker, doppelt gebrannt. 32 gehen auf den Laufmeter. Macht 700 Stück. Und bitte sauber gelegt. Und bitte keine Berg- und Talbahn. Und gerade. Und keine Wasserlöcher. Und keine Wackelbahn, fest müssen die Steine liegen. Dann die Mischung aus trockenem Sand und Zement in die Fugen wischen. Und vorsichtig sprühen mit dem Gartenschlauch, damit die Mischung einsinkt. Und das, bis die Fugen richtig voll sind. Nur so lässt sich der Unkrautwuchs verhindern.

«Wo man an heitern Abenden unter dem Silberschein des freundlich herablächelnden Mondes gerne lustwandelt, da sey der Gang mit Sträuchern voll duftender Blüthen und mit wohlriechenden Kräutern besetzt», empfiehlt der Würkliche Justizrath.

Sonst noch was?

LICHTZAUBER

Letztes Jahr wollte ich endlich auch meine Lichterschnur haben. Der grüne Karton mit dem Tannendekor aus dem fernen Osten enthielt alles Nötige, sogar an Ersatzlämpchen hatten die Chinesen gedacht. Mir fiel wieder ein, dass Weihnachten im Dritten Reich Lichtfest genannt wurde. Abschaffen liess sich Weihnachten leider nicht, aber umbesetzen konnte man es. Es hiess auch Julfest. Sogar der Adventskranz durfte bleiben, nur die Lichterordnung wurde umgedreht. Am ersten Advent wurden vier Kerzen angezündet, am letzten brannte dann nur noch eine – Symbol für das abnehmende Sonnenlicht. Zur Wintersonnenwende (die Differenz zwischen dem 21. und dem 24. Dezember wurde grosszügig toleriert) erstrahlte dann der Tannenbaum in hellstem Glanz.

Ich verlegte also dieses ewige Meter lange Kabel mit hundert oder zweihundert Lämpchen – dafür hatte ich einen wundervollen Platz: die Wand des Backhäuschens. Es steht genau im rechten Winkel zum

Wohnhaus, so kann man die Wand vom Haus aus schön sehen. Auch die Montage war kein Problem. Die Wand ist mit Efeu überwachsen. So brauchte ich das Kabel nur vorsichtig zwischen die Ranken hinter dem Blattwerk zu schlingen, fertig.

Es ward Licht! Und es sah hinreissend aus. Nicht so überaus hell, wegen der Blätter, die das Licht dämpften. Es sah ein bisschen neblig verschwommen aus, einfach zauberhaft. Müsste man eigentlich an jeder Wand haben! Beim Einnachten Stecker rein, grosses Aah und Ooh. Morgens Stecker raus, das wurde nachts meistens vergessen.

Dann kam der Frühling, die Abende wurden länger, die zauberhaften Sommernächte hatten ihr eigenes Leuchten, die Backhaus-Lichtspiele gerieten in Vergessenheit. Der Efeu grünte frisch, an einer Ecke kletterte er schon aufs Dach, von der anderen Seite klammerte sich der wilde Wein in den Efeu, alles ist stark und wild und ungezähmt und riecht gut.

Als dann das Lichterfest in der Stadt wieder anfing, fiel mir auch meine Weihnachtsbeleuchtung wieder ein! Noch alles da? Das Kabelende war ordentlich aufgewickelt, den Trafo fand ich auch sofort, nur ein paar Spinnen machten sich böse aus dem Staub. Steckdose, Strom, das Wunder.

Von wegen! Es blieb aus. Erst dachte ich wirklich, die Einrichtung hätte den Geist aufgegeben. Hatte sie aber nicht. Die genaue Untersuchung zeigte: Alle Lämpchen leuchteten. Man sah sie nur nicht. Oder gerade nur das eine oder andere, wie Glühwürmchen. Der ganze Rest, die meterlange Girlande war im Laufe des Jahres unter dem Efeu verschwunden, zugewachsen, einfach untergebuttert.

Da soll sie nun auch bleiben. Es wird kein Efeu abgerissen, um die Leuchtschnur freizulegen! Dann lieber eine Neue. Ich denke mir ja auch sonst manchmal, wenn ich der Natur beim Wurschteln zuschaue, dass vernünftiges Gärtnern auch darin bestehen muss, nichts zu tun, neugierig zu sein und die Finger davon zu lassen. Jetzt zum Beispiel!

EPPICH

Manchmal kommt der Nachbar zur Betriebsbesichtigung. Natürlich heisst das nicht so, aber er ist neugierig, er will wissen, was so gelaufen ist in der letzten Zeit. Hast du dies schon, du wolltest doch letztes Mal? Und ich höre von seinen Problemen. Er ist ein bisschen verrückt. Er hat im Laufe der letzten paar Jahre auf seinem riesigen Stück Land um die tausend Bäumchen gesetzt. Im ersten Frühling haben ihm die Rehe so ziemlich alles abgenagt, was grün war. Im Herbst hat er noch einmal angefangen. Und dann jeden Setzling mit einer Maschendrahtröhre geschützt. Jetzt wartet er auf seinen Dschungel.

Bei mir pflanzt er auch jedes Mal. Mit etwas verhängtem Blick steht er vor einer Schuppenwand, ziemlich ausgefranstes Balkenwerk – wunderbar für Efeu, da musst du Efeu hinsetzen! Gleich um die Ecke die alte Ziegelsteinwand eines kleinen Stalls. Die Kalkmörtelfugen tief ausgewaschen. Wundervoll für Efeu, drängt er. Am Backhaus komme ich ungepflanzt vorbei, da wuchert der Efeu schon lange – und zwar wirklich wunderbar.

Auf der Veranda dann der Aperitif. Pastis? Lieber ein Marc. Hausgemacht, wie so vieles hier (nicht von mir!). Wir reden über dieses und jenes und über Efeu. Plötzlich fällt mir ein Wort ein, von dem ich gar nicht weiss, woher ich es habe – Eppich! Kennst du Eppich, frage ich ihn. Eppich? Hat er nie gehört. Eppich, denke ich, woher habe ich das? Nibelungenlied oder da herum, woher kommt das?

Wozu hat man Bücher? «Eppich» kommt bei

Kluge vor. Das ‹Etymologische Wörterbuch der deutschen Sprache› erklärt kühl und unbezweifelbar, dass ‹Eppich› in mitteldeutscher oder mittelniederdeutscher Form (ephi, epfih) in die Hochsprache gelangte. Aber dann macht Kluge meine Erinnerung gnadenlos nieder – ich traue meinen Augen nicht: «Das Wort meint die Sellerie, die im frühen Mittelalter aus Italien nach Deutschland gebracht wurde.» Das darf doch nicht wahr sein! ‹Der Neue Brockhaus› von 1984 rettet mich nicht. Der kann auch nicht besser deutsch als mein Nachbar. 3500 Seiten Stichwörter, da hätte ja wohl Eppich noch ein Plätzchen gehabt. Nichts da, kein Eppich. Dort sollte man ihn pflanzen!

Nur mein alter Meyer (1924 ff) verlässt mich nicht. Ein Lexikon muss eben liegen, je länger, umso besser. Meyer fängt zwar genauso profan an wie Kluge – «Eppich: volkstümlicher Name für Sellerie (Apium)» –, setzt dann noch einen drauf – «auch Scharbockkraut (Ranunculus ficaria)» – aber dann steht da: «dichterisch für Hedera (Efeu)».

So ist das. Was dem einen Poesie, ist dem andern Sellerie!

FEUER UND FLAMME

Was man darf und was man nicht darf? Nicht so ganz klar. Einer meiner entfernteren Nachbarn hatte brav seine Winterarbeit getan, Bäume ausgeholzt und Sträucher geschnitten, jetzt lag ein Berg aus trockenen Zweigen und Ästen in einer Gartenecke und was macht man damit? Verbrennen? Natürlich verbrennen. Er war aber nicht so sicher, darf man? Er fragte seine Nachbarn. Kann ich das Holz verbrennen? Wieso, fragten die zurück, ist es nass? Er verbrannte. Es!

Bei mir brennt es auch, nass oder trocken. Und welches Vergnügen es macht, ich gebe es gern zu, und nicht nur Kindern. In der waldigen Ecke des Grundstücks stehen ein paar Eichen, halb darunter alte Hainbuchen, die krummen Stämme schrauben sich dem Licht entgegen, am Rand Haselsträucher, und wenn der Wind tobt, kommt das trockene Holz von oben – dazwischen sind dann übrigens manchmal auch Äste, von denen ich lieber nicht getroffen werden möchte – Holz ist ganz schön schwer!

Einmal im Winter zusammenräumen, in der kleinen Lichtung in der Mitte den Bruch zusammentragen, Zeitungspapier, dünnes Holz klein brechen, Erinnerung an Pfadfinderstunden, ein Feuer richtig aufbauen, wie viele Streichhölzer brauchst du, bis es brennt? Eins? Eine Schachtel? Wenn es nach dem Zweiten nicht brennt, hast du was falsch gemacht.

Erst lodert das Papier, ein leeres Versprechen, das geht ganz schnell, ist im Handumdrehen vorbei. Ob es reicht, um das Kleingebrochene anzuzünden, hört man eher, als dass man es sieht. Es muss knistern, dann brennt Holz. Und wenn der Haufen richtig geschichtet ist, muss man weder fächeln noch bis zum Schwindligwerden pusten, es brennt ganz von selber.

Am Anfang irrlichtert das Feuer wie wild, es brennt mal an diesem Ende, dann an jenem Ende des Haufens, es raucht natürlich, wenn das Holz grün ist – und wenn es nass ist, dampft es. Wie Rumpelstilz hüpfst du um das Feuer herum, Rauch und Dampf wechseln die Richtung so rasch und hinterhältig, dass die klare Luft immer auf der anderen Seite ist. Es beisst, der Blick wird unscharf vom Augenwasser.

Aber dann, welches Vergnügen, wenn das Feuer solide Formen annimmt, wenn es hell in der Mitte brennt und sich sattfrisst, wenn sich weisse Asche zu bilden beginnt, unter der die Glut flimmert, wenn es mollig warm wird, so dass man sich wollüstig um- und umzudrehen beginnt, weil auch der Rücken was abhaben will, wenn man das schwere Bruchholz nachlegen kann, das lange und gemessen brennt, wenn man die Enden der Äste, die in der Mitte weggebrannt sind, vom Rand in die Mitte zieht und die Feuerstelle gewissermassen zu gestalten beginnt. Rund muss sie sein und sauber an den Rändern, auch darf sich das Feuer nicht heimlich wegfressen unter der Laubschicht, man hat zu tun!

Am Ende ist der Platz wunderbar aufgeräumt. Und nur in der Mitte der Brandstelle noch die schwarzgebrannten Holzreste, die nun ganz leise wegbrennen. Zauberhaft, wenn es dunkel wird und die Asche unter dem leichtesten Luftzug zartrosa aufschimmert. Am nächsten Morgen sind auch diese Reste verschwunden, die Glut hat sie weggefressen, das Feuer schläft tief unter der Asche.

RUNDGANG

Eine von diesen dicken Hagebutten habe ich mit ins Zimmer genommen. Ich habe, ich staune über mich, das rote Taschenmesser, Sorte Offizier, sofort gefunden. Dann habe ich ein Blatt Papier aus dem Papierkorb geholt und die Hagebutte darauf zerlegt.

Ich erinnere mich, dass ich vor sechzig Jahren nicht so pingelig war. Damals knübelte ich, wie ich es von meinen Schulkameraden gelernt hatte, die Butze oder Butte mit den Fingern unter dem Pult auf. Das Ziel war natürlich, die Wolle um die Samenkörner zu gewinnen. Juckpulver! Die Mühe war, das reine Naturprodukt den Mädchen heimlich von hinten in den Hemdkragen zu krümeln. Das erhoffte Vergnügen ereignete sich aber nie. Die Mädchen kreischten zwar dauernd wegen irgendetwas, aber nicht weil es juckte. Irgendwas machte ich falsch.

Dafür knatschte ich, lange vor dem Kaugummi, die säuerlichen roten Schalen – und wurde noch gelobt dafür: Vitamin C!

Jetzt, es ist Winter, sehe ich, dass die Schale schon ganz dünn und die umhüllende Wolle ganz trocken ist. Die Körner lassen sich ganz leicht säubern. Der Ertrag: sieben ganz dicke, fünf mittlere, drei kleine. Jetzt verstehe ich auch die Schweinerei auf dem Brunnenrand, die mich überhaupt erst auf die Idee brachte. Die Vögel pflücken sich die Hagebutten, hacken sie, natürlich legen sie kein Papier drunter, kurz und klein, fressen Samenkörner und Schale, die Reste kleben auf dem feuchten Stein – Pappi putzt es ja dann schon weg.

Eigentlich wollte ich nur den blühenden Zaubernuss-Strauch *(Hamamelis)* anschauen. Nachts friert es, tags blüht er! Eine wundervoll zarte, rosafarbene Wolke. Und die Osterglocken sind schon fingerlang aus dem Boden. Und die Krokusse haben schon Knospen und die Versäumnisse einen Bart – noch kein einziger Strauch geschnitten!

Am späten Nachmittag hängt die Sonne ganz tief am Horizont. Ihr flaches Licht modelliert wie ein Bildhauer an der nächsten Jahreszeit. So ist das immer. Erst klagt man, dass der Winter überhaupt nicht aufhört, dann ist Frühling, und alle sagen, was? Schon?

LOB DER FAULHEIT

Faulheit treibt nicht nur uns selbst beträchtlich weit, sie treibt auch die Wirtschaft merklich an. Die Faulheit ist deshalb grundsätzlich sehr zu begrüssen (was gleich zu begründen sein wird)! Und die spöttische und auch durchaus so gemeinte Redensart «Faulheit verlass mich nicht, ich will dir treulich dienen!», die wir als junge Leute (also gut, ich) insbesondere von unserer immerfort sehr fleissigen Frau Mama mehr, als uns lieb war, zu hören bekamen, erscheint so betrachtet in ganz anderem Licht. Damals konnten wir, noch ganz ahnungslos, der Mahnung «Drum verschiebe nicht auf morgen, was du heute kannst besorgen» ganz trotzig und dumm entgegensetzen «Arbeit macht das Leben süss, Faulheit stärkt die Glieder.» Aber was ist das für ein Argument!

Dass nämlich auch Fleiss nichts anderes als Faulheit ist, habe ich erst sehr viel später in meinem Leben und insbesondere wieder an mir selber erfahren, es hat mit dieser Geschichte auch nur beiläufig zu tun, sei aber als fortzudenkende Einsicht doch mindestens im Stenogramm vermittelt: Fleissige arbeiten nur deshalb wie besessen, weil sie dann nicht tun müssen, was sie eigentlich tun sollten – sie schaffen es dann eben einfach nicht.

Warum aber treibt Faulheit die Wirtschaft voran und ist also eine Tugend? Ein Beispiel kennen alle. Mama ist eine Woche weg, da sagt der Kleine zu Papa: Jetzt müssen wir abwaschen oder neues Geschirr kaufen! Und ich hasse Sockenwaschen. Dabei hätte ich mehr Socken zu waschen als andere, weil ich regelmässig zu faul bin, mir Arbeitsklamotten anzuziehen, bevor ich mal eben schnell in den Garten gehe. Mit Socken hat das insofern zu tun, als der Grasmäher zwar das Grobe scheinheilig wie versprochen in den Fangkorb wirft, das Feine aber spuckt er so hinterlistig aus, dass es sich, zunächst ganz unbemerkt, in der Knöchelzone zwischen Schuhrand und Hosenrand niederlässt. Da verfilzt das Zeug mit der Wolle so, dass der Strumpf abends ganz beiläufig an eine noch unbekannte Nationalflagge erinnert – blau, grün, blau oder schwarz, grün, schwarz. Am nächsten Morgen ist schon alles hässlich grau. Kann man ungewaschen nicht mehr anziehen. Aber wer wäscht?

Jetzt im Winter – kein Grasschneiden, kaum Garten, aber viele Socken nötig – jetzt im Winter bekomme ich den Lohn der Faulheit. Natürlich habe ich sie irgendwann gewaschen, aber der Grasschnitt war längst vertrocknet, das Heu mit der Wolle verklammert, sieht irgendwie klinisch aus (Fleiss erwirbt, Faulheit verdirbt). Das Zupfen und Rupfen und Putzen nimmt kein Ende – ich versichere an Eides statt, dass es schneller geht, gelegentlich und immer wieder öfter mal neue Socken zu kaufen. Und finde deshalb übrigens auch, Lob der Faulheit, dass Gartenarbeiter meines Schlages Sockenrabatt bekommen sollten!

DER SPATEN

Das Spatenblatt ist aus einem Stück Stahl geschmiedet. Das Blatt ist zur Erhöhung seiner Biegefestigkeit schwach nach vorn gewölbt. Seine Arbeitskante ist leicht gebogen. Sie ist scharf, aber nicht messerscharf. Gelegentlich muss man Scharten ausfeilen. Das Blatt steht um ungefähr sechs Zentimeter aus der Senkrechten schräg nach vorn. Es hat keine Trittkanten.

Die Stielfedern, die den Stiel aufnehmen, sind nur bei Friedhofsmodellen (die zur gelegentlichen Bearbeitung von Grabstätten durch die Nachfahren dienen) genietet. Bei einem anständigen Spaten sind sie geschmiedet oder geschweisst. Sie brechen nie ab. Sie greifen in zwei spitz zulaufenden Enden vorn und hinten am Stiel hoch. Der Holzstiel ist so gearbeitet, dass er fugenlos passt. Er ist aus Eschenholz. Er bricht nie ab. Am oberen Ende bildet er einen kleinen Knauf, den so genannten Knopfgriff. T-Griffe und D-Griffe sind bei uns nicht üblich. Sie sind aber nicht unanständig.

Der neue Stiel hat einen feinen Lacküberzug. Das rohe Holz würde sofort Blasen an den Händen machen. Mit Lack dauert es etwas länger bis zu den Blasen. Der Lack verschwindet mit der Zeit, der Stiel wird seidenglatt, vom Handschweiss.

Nur ein alter Spaten ist ein guter Spaten. Sein Blatt ist ungefähr 18 cm breit und 28 cm hoch. Baumschulspaten zum Aushebeln von kleinen Bäumen sind grösser und dicker, aber auch nur von Schwerathleten zu bewältigen. Wenn der Spaten anständig gehalten wird, glänzt sein Blatt mattweiss. Er wiegt morgens, wenn man mit der Arbeit anfängt, ungefähr drei Kilo. Abends wiegt er dreimal so viel. An den Armen, nicht auf der Waage! Wenn es bei der Arbeit regnet, wird er auch echt physikalisch schwerer. Und noch einmal schwerer, wenn er nicht gepflegt wird. Nasse Erde klebt kräftig, noch besser auf Rost.

Ein sauberer Spaten ist übrigens nicht nur das bessere Werkzeug, er befriedigt ästhetisch, erheitert das Auge und macht den Gärtner fröhlich.

SCHEREN AUCH, BITTE!

Baumschere, Rosenschere, Heckenschere, Grasschere. Schneidewerkzeuge aus Stahl, bestehend jeweils aus zwei Scherenmessern mit Griffen, die in einem Drehpunkt durch Schraubenbolzen vereinigt sind. Bei Baum- und Rosenschere hält eine gezahnte und arretierte Klemmscheibe die Mutter fest und verhindert so das verwünschte Lockern der Verbindung der zwei Hälften. Oder auch nicht. Dann klemmt das Ding, Geradeschliff hin, Hohlschliff her. Dann gehen die Griffe nicht mehr auf und nicht mehr zu. Dann reisst man wütend mit beiden Händen, es geht, je trockener das Holz, umso langsamer. Dann gibt es einen Ruck, und hast du nicht aufgepasst, gibt es ein Loch – im Jackenärmel, im Hemd, im Arm, je nach Wetter.

Baumschneidezeit. Irgendwann muss man ja, die Vögel tschilpen schon wieder so verdächtig, also auf die Bäume, auch wenn man keine Lust hat. Alles ist nass, kalt und ungemütlich. Fasst man einen Ast an, rutscht er grün durch den Handschuh. Zieht man sich einem Stück Baum entgegen, steht die Leiter auf zwei Beinen, federt das Astholz, knackt es trocken und böse. Und dann klemmt die Schere.

Es hat nichts mit mangelnder Schärfe zu tun, das Ding ist scharf genug, um sich die Nase abzuschneiden. Aber man hält das Werkzeug nur einen Winkelgrad zu schräg, schon schneidet die Klinge nicht mehr. Man könnte die Schere gleich oben hängen lassen, Scherendemo, sozusagen. Hübsch anzusehen später im Sommer, Felco Nummer 3, die roten Griffe im grünen Laub!

Februar ist Februar und Bäumeschneiden ist – na ja. Die Schneiden der Schere sind gewöhnlich in zwei Richtungen gebogen. Die Rundung von Klinge und Widerlager soll einen ziehenden Schnitt ermöglichen. Die Hohlschliff genannte Rundung der Schneide sorgt dafür, dass Klinge und Widerlager immer am Kreuzungspunkt aufeinander liegen. Und die Verkrampfung der Schneidehand sorgt dafür, dass die wundervollsten Pläne nicht in Erfüllung gehen. Oder vielleicht erst im April. Bei den Rosen. Rosenholz ist dünner, das kann man im Zweifelsfall einfach abquetschen. Den kleinen Finger auch.

DER ERSTE FROST

Die Nacht war klar, der Himmel riesig, die Milchstrasse gestochen scharf. Da sagt dann jeder: Heute wird es kalt, heute Nacht friert es, heute wird es Frost geben. Es wird den ersten Frost geben. Schon beim zweiten, spätestens beim dritten Mal ist der Umstand nicht weiter der Rede wert, es ist halt Winter, was soll der Winter Gescheiteres tun als frieren.

Aber der erste Frost ist hart, ist ein scharfer Schnitt. Draussen im Garten und drinnen, im Gemüt. Oft lässt der erste Frost ewig lange auf sich warten, manchmal kommt er früh, und oft überrascht er uns ganz unvermutet. Die ein, zwei Mittagsstunden verträumten wir vielleicht noch mit einem Buch auf einer besonnten Terrasse – den Zeigefinger als Lesezeichen zwischen den Seiten, die Hand umgreift das zugeklappte Buch, und wenn wir Glück haben, erwischen wir es gerade noch, wenn es uns beim Einschlafen entgleiten will. Das war der Mittag, und am nächsten Morgen sind die Dahlienblätter schwarz, die letzten, nur noch ganz kleinen Rosenblüten sind ganz erschrockene, verirrte Gäste aus einer anderen Zeit.

Dafür glitzert zauberhaft wie ein gläserner Teppich das bereifte Gras, an Zweigen und Blättern von Sträuchern und Büschen funkeln Myriaden winziger Eiskristalle, Ränder und Kanten des Holzwerks im Garten sind wie mit Silberschnüren wundervoll gesäumt.

Dann wird der Garten inspiziert, was ist zu tun? Sind die Wasserleitungen gesperrt und gelüftet? Muss Tannengrün zum Abdecken her? Der Frost sorgt dafür, dass die Bäume ihr letztes Laub abwerfen, also geht es – abermals – ans Putzen. Schon wieder Arbeitspläne, im Winter werden die Gärten umgebaut, schon lange sollte dies verbessert, jenes neu angelegt werden, nun muss es sein.

Mittlerweile hat die Sonne aufgeräumt, es ist so warm, dass der Reif auch in den bleibenden Schattenecken weggeschmolzen ist, nichts bleibt von dem Zauber, der die kleine Gartenwelt verwandelte, so sehr, dass sich die grosse darumherum leicht, ganz leicht vergessen liess.

Die Pracht dauert nicht lange. Die Sonne spielt mit den Bildern, löscht sie, malt neue, ihre eigenen. Jetzt können wir die Schattenmuster betrachten, die sich so schnell ändern, wie die Sonne steigt, eben noch der erkennbare Umriss der Baumkrone in der Wiese, da noch die scharfgeschnittene Dachkante des Schuppens, aber schon verschiebt sich, was eben noch ein lesbarer Plan war, die Schattenflächen verformen, verzerren sich, nehmen erheiternde Proportionen an, und die flirrende Weisse verschwindet zusehends, gleich nebenan dampft es, bilden sich feinste Dunstschleier.

BEST BEFORE!

Eigentlich wollte ich was vom Bäumeschneiden erzählen. Ich fand die Fragen lustig – was habt ihr damals im Winter gemacht? Das klang schon so wie «auf der faulen Haut gelegen, was?» Du liebe Zeit!

Wir haben uns abgefroren, was uns die Höflichkeit noch zu nennen verbot. Topfgärtner haben es wunderbar warm, sie verbringen den Winter in gemütlichen Gewächshäusern, pikieren Jungpflanzen, schneiden grüne Gurken ab und dergleichen mehr. Wir gingen um sieben Uhr morgens auf Kundschaft – man sah knapp die Hand vor Augen! Leitern, Sägen (Handsägen, nix Motor!), Scheren.

Es gab noch diese Riesengärten mit den Riesenobstbäumen. Das war die Winterarbeit. Die Leitern rauf, das war schon eine Mutprobe. Auslichten, Bruchholz schneiden, Schösslinge kappen. Das Holz so frühmorgens noch glitzernd überreift, gläsern hartgefroren, es brach und splitterte schnell, sorgfältig arbeiten hiess, schwere Äste zuerst vor der eigentlichen Schnittstelle von unten einschneiden, damit sie nicht mit langen Splintern wegbrechen, wenn man fast durch ist. Wir hingen wie die Affen in den Bäumen, die schaukelnden Holzleitern glitschig, die Sägen mit der Zeit so schwer, dass einem fast der Arm abfiel. Wie gut Sie es haben, gesunde Arbeit! Immer so an der frischen Luft! Wenn die nie ganz fehlenden neidischen Bewunderer hätten hören können, was wir dazu dachten, wären sie vermutlich eher beleidigt gewesen.

Das alles und noch mehr wollte ich in Erinnerung rufen, aber da ist schon wieder Polen offen. Der Briefkasten quillt über von Gartenliteratur, Prospekten, Reklame, Werbung, und irgendein Holländer verspricht mir Service gratuit und 50% Rabatt auf alles, was sowieso von selber wächst. Und das versprochene Geschenk habe ich auch schon gewonnen, ich musste nur mal schnell irgendwo rubbeln. Und während mir die ganze Welt noch gratulieren will, bin ich schon längst mit meiner Traumpartnerin in der Karibik, wo ich den Steel-Drummern zuhöre, während zuhause in meinem Garten alles wächst wie wild und blüht und gedeiht. Wer denkt da noch ans Bäumeschneiden, wie wir das vor fünfzig Jahren im Winter gemacht haben? So lange ist das her.

Wohl dem, der keine Bäume hat! Oder besser, wer die nächste Generation von Bäumen heute schon in seinem Garten hat. Das sind die Bäume, die sich selber schneiden und spritzen und abernten. Man kann einfach irgendwann im späten Herbst, wenn man müde und glücklich und mit einer neuen Traumpartnerin von seiner gewonnenen Traumreise aus der Karibik zurückkommt und sich darauf freut, wieder mal ins Kino zu dürfen und nicht ins Theater zu müssen, die gefüllten Einmachgläser abholen, die stehen gestapelt unten am Baum im Gras, und das Verfallsdatum steht auch drauf: Best before!

TIEFER WINTER

Einmal nichts tun, einmal nichts müssen. Einmal die Arbeit verweigern, einmal mit gutem Gewissen faul sein. Einmal drinnen am Fenster sitzen, im Warmen. Der Blick geht nach draussen, ins flache Weiss dieses Wintertages. Jetzt müsste man eigentlich die Bäume schneiden. Jetzt wäre es richtig, den Büschen kräftig ans Unterholz zu gehen. Und da liegt immer noch der Haufen mit dem dicken Astholz vom letzten Winter – inzwischen fast richtig fürs Cheminée. Aber das muss nicht sein! Wir haben vorgesorgt. Richtig geschnitten und schön geschichtet liegen die trockenen Eichen- und Buchenspälten, vier Jahre schon, die rauchen nicht mehr, sie gluten wundervoll und machen warme Füsse.

Man sollte, man müsste, man mag nicht, überhaupt nicht. Es ist klirrend kalt, der Reif blüht wundervoll, die feinverzweigten grossen Bäume stehen filigran im Licht. Stille. Ein Nachmittag der Bewegungslosigkeit. Dann das langsame Eindämmern, erst das Verlöschen der Binnenzeichnung, dann das Verschwimmen der Konturen. Über dem First der Scheune drüben ist das Himmelsblau noch klar und kalt, dann, zum Zusehen langsam, kriecht die Dunkelheit über das Dach.

Winter im Garten. Die Gärtner sagen Vegetationspause. Natürlich, so heisst das. Und tönt immer, als müsse die Natur arbeiten, dürfe sich aber zwischendurch mal eine Zigarette anstecken und Kaffee trinken. Es ist ganz anders, es ist Einatmen und Ausatmen, dieses «im Atemholen sind zweierlei Gnaden». Man schämt sich fast beim Bekenntnis, dass es Goethe ist: «Danke dem Gott, wenn er dich presst, danke ihm, wenn er dich wieder entlässt.»

Jetzt gerade sind wir entlassen! Wie schön, es zu wissen.